AF503148

PETITS CODES DALLOZ

ADDITIONS

AU

CODE DE L'ENREGISTREMENT

CONTENANT

LES LOIS, DÉCRETS ET ARRÊTÉS PUBLIÉS

JUSQU'AU 1er OCTOBRE 1925.

ADDITIONS

AU

CODE DE L'ENREGISTREMENT

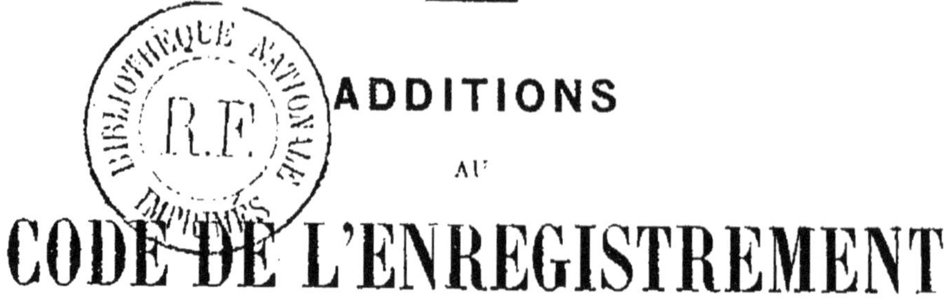

CONTENANT LES LOIS, DÉCRETS ET ARRÊTÉS PUBLIÉS

JUSQU'AU 1er OCTOBRE 1925

Loi du 15 décembre 1923,

Relative a la reconstitution des actes et archives dans les départements par suite des événements de guerre (D. P. 1925. 4. 257).

. . . .

Art. 6. Les possesseurs de documents relatifs à des travaux publics seront tenus de les communiquer gratuitement à l'Administration intéressée lorsque celle-ci se trouvera démunie de tout exemplaire desdits documents par suite d'événements de guerre.

Les divers actes et formalités prévus par les dispositions qui précèdent sont exempts de tous droits de timbre, d'enregistrement et frais de toute nature.

. . . . » . . . .

10. Indépendamment des actes, jugements et registres mentionnés dans la loi du 1er juin 1916, tous les actes qu'il y aura lieu de reconstituer par suite d'événements de guerre, ainsi que toutes les formalités de procédure ayant cette reconstitution pour objet, seront **visés** pour timbre et enregistrés gratis, à moins, en ce qui concerne les actes reconstitués, que les droits applicables à l'acte original n'aient pas été acquittés. Les expéditions des jugements destinés à tenir lieu de registres de l'état civil seront visées pour **timbre** gratis. Aucune pénalité de timbre ou d'enregistrement ne pourra être réclamée sur les pièces produites à l'occasion de l'application de la présente loi.

V. L. 1er juin 1916.

1 — C. enreg. — Additions.

Loi du 18 décembre 1923,

Créant un livret agricole de prévoyance (D. P. 1925. 4ᵉ partie).

. . . .

Art. 2. L'exemption des droits de timbre accordée pour la constatation des versements effectués à la Caisse nationale des retraites pour la vieillesse par l'article 24 de la loi du 20 juillet 1886 et à la Caisse nationale d'assurance en cas de décès par l'article 19 de la loi du 11 juillet 1868 est étendue aux quittances délivrées par les sociétés appelées à recevoir les versements opérés, en vertu de la présente loi, sur le livret agricole de prévoyance.

V. *L.* 23 *août* 1871, *art.* 18 ; *L.* 20 *juillet* 1886, *art.* 24.

Décret du 20 décembre 1923,

Relatif au nouveau régime fiscal des lettres de voiture.

Art. 1ᵉʳ. Le droit de timbre applicable aux lettres de voiture et à tous autres écrits ou pièces en tenant lieu, est acquitté au moyen des timbres mobiles, à 25 centimes, créés par le décret du 28 juillet 1920 pour les quittances, reçus ou décharges.

Ce timbre est apposé sur les écrits passibles de l'impôt et immédiatement oblitéré par l'apposition à l'encre noire, en travers du timbre, de la signature soit de l'expéditeur, soit de l'entrepreneur de transports, commissionnaire ou voiturier, ainsi que de la date et du lieu de l'oblitération.

Cette signature peut être remplacée par une griffe apposée à l'encre grasse, faisant connaître la résidence, le nom ou la raison sociale de l'auteur de l'oblitération du timbre, ainsi que la date de cette oblitération.

2. Les redevables qui, pour s'affranchir de l'obligation d'apposer et d'oblitérer les timbres mobiles, veulent soumettre au timbre à l'extraordinaire les formules destinées à la rédaction des lettres de voiture et autres écrits en tenant lieu sont tenus de déposer ces formules et d'acquitter les droits au bureau de l'enregistrement de leur résidence ou à celui qui est désigné par l'Administration, s'il existe plusieurs bureaux dans la même ville.

Le timbrage à l'extraordinaire est effectué au moyen du type à 25 centimes utilisé pour les quittances, reçus ou décharges.

3. Toute contravention aux dispositions de l'article 14 de la loi du 30 juin 1923 et aux prescriptions du présent décret est punie de l'amende de 50 francs, en principal, édictée par l'article 7 de la loi du 11 juin 1842, modifié par l'article 22 de la loi du 2 juillet 1862.

4. L'article 14 de la loi du 30 juin 1923 entrera en vigueur à partir du 1ᵉʳ janvier 1924.

V. *L.* 30 *juin* 1923, *art.* 14. — Tarif porté à 0 fr. 30 par suite de l'addition du double décime, *L.* 22 *mars* 1924, *art.* 3 ; *Décr.* 15 *avril* 1924, *art.* 18. — Timbres du modèle unique, *Décr.* 9 *juillet* 1925.

Arrêté du 26 décembre 1923,

Relatif au contrôle et à la perception de l'impôt sur le chiffre d'affaires en ce qui concerne l'industrie et le commerce des automobiles, leurs garnitures et accessoires (D. P. 1923. 4. 408).

Art. 1er. L'arrêté ministériel du 9 octobre 1922 est modifié comme suit :

« Les attributions conférées à l'Administration de l'enregistrement par les articles 1er, 5 et 10 du décret du 24 juillet 1920 pour le contrôle et la perception de l'impôt sur le chiffre d'affaires sont, en tous lieux et à partir du 1er janvier 1924, transférées à l'Administration des contributions indirectes en ce qui concerne :

« 1° Les personnes ou sociétés qui se livrent à la construction ou à la fabrication des automobiles, cycle-cars, side-cars et similaires, de leurs châssis, carrosseries, garnitures et accessoires ;

« 2° Les personnes ou sociétés exploitant un garage pour automobiles ;

« 3° Les personnes ou sociétés, autres que celles visées aux alinéas 1° et 2°, qui se livrent, à titre principal, à la vente des automobiles, cycle-cars, side-cars et similaires, de leurs châssis, carrosseries, garnitures et accessoires, soit qu'elles opèrent pour leur compte, soit qu'elles agissent pour le compte de tiers en qualité d'intermédiaires. »

V. *Décr. 24 juillet 1920, art. 1er, 5 et 10 ; Arr. min. 9 octobre 1922.*

Loi du 27 décembre 1923,

Portant, au titre du budget général et du budget spécial des dépenses recouvrables en exécution des traités de paix : 1° régularisation de crédits ouverts par décrets au titre de l'exercice 1923 ; 2° ouverture et annulation de crédits sur l'exercice 1923 (D. P. 1925. 4. 116).

. . . .

Art. 33. L'article 15 de la loi du 31 décembre 1917 est remplacé par la disposition suivante :

« Le prix des passeports délivrés en France est fixé à cinq francs (5 fr.) sans décimes, y compris les frais de papier et de timbre et tous frais d'expédition. Le montant de la taxe sera imprimé sur les passeports.

« Chaque visa de passeport de Français ou de protégé français auquel il sera procédé en France donnera lieu à la perception d'un droit de deux francs quarante centimes (2 fr. 40), principal et décimes compris.

« Chaque visa de passeport étranger donnera lieu à la perception d'un droit, principal et décimes compris, de dix francs or (10 fr.) si le visa est valable pour l'aller et le retour et d'un franc or (1 fr.) s'il n'est valable que pour la sortie. Le taux de conversion du franc or en monnaie française sera fixé périodiquement par arrêté du ministre des finances.

« Les passeports et visas à délivrer aux personnes véritablement indi-

gentes et reconnues hors d'état d'en acquitter le montant continueront à
être délivrés gratuitement.

« La validité du visa est d'un an ; elle peut exceptionnellement être
d'une durée moindre. Cette validité n'implique nullement un droit quelconque de séjour ou d'établissement, pour une durée égale, sur le territoire
de l'État qui a délivré le visa.

« La loi du 16 juin 1888 demeure abrogée.

« Un règlement d'administration publique déterminera les conditions
d'application du présent article, ainsi que toutes mesures transitoires ou
d'exécution. »

V. *L.* 31 *décembre* 1917, *art.* 15; *Décr.* 11 *mars* 1921. — Tarif des passeports
porté à 6 fr. par suite de l'addition du double décime, *L.* 22 *mars* 1924, *art.* 3;
—tarif des visas de passeports de Français ou de protégés français porté à 3 fr.
sans addition de décimes, *même loi, art.* 10.

Loi du 28 décembre 1923,

Portant : 1° autorisation de percevoir, pendant l'année 1924, les droits, pro-
duits et revenus publics ainsi que d'émettre et de renouveler, pendant la
même année, des valeurs du Trésor à court terme ; 2° ouverture de crédits
sur l'exercice 1924, en vue du relèvement de l'indemnité pour charges de
famille et des indemnités de résidence (D. P. 1925. 4. 114).

. . . .

Art. 10. Le produit de la perception du décime additionnel à l'impôt
sur le chiffre d'affaires, institué par l'article 63 de la loi du 25 juin 1920,
sera réparti, pour les années 1923 et 1924, entre les communes et entre
les départements, au prorata de la population municipale totale et de la
population départementale déterminée par le recensement de 1921. En ce
qui concerne les communes directement atteintes par les événements de
guerre, les résultats du recensement de 1911 continueront à être retenus
si le recensement de 1921 fait apparaître une diminution du nombre d'habitants.

V. *L.* 31 *décembre* 1920, *art.* 12 ; *L.* 31 *décembre* 1921, *art.* 27 ; *L.* 30 *avril* 1922,
art. 20.

Loi du 3 janvier 1924,

Étendant aux banques coopératives des sociétés ouvrières de production les
exemptions fiscales dont bénéficient les sociétés de crédit au petit commerce
et à la petite industrie (D. P. 1925. 4° partie).

Article unique. Sont applicables aux banques coopératives des
sociétés ouvrières de production, placées sous le contrôle des ministres du
travail et des finances et dont le capital ne peut être souscrit que par lesdites sociétés ou par leurs membres et dont les prêts et ouvertures de cré-

dits ne sont consentis qu'à ces sociétés, l'article 8 de la loi du 13 mars 1917 et l'article 4 de la loi du 7 août 1920, relatifs au crédit au petit et au moyen commerce, à la petite et à la moyenne industrie.

Exemption de l'impôt sur le revenu des valeurs mobilières; timbre de dimension pour les certificats de parts non négociables, V. *L. 13 mars 1917, art.* 8.

Loi du 3 janvier 1924,
Relative aux chambres d'agriculture (D. P. 1924. 4. 346).

. . . .

Art. 9. Dans les trente jours qui suivent la date du dépôt, toute personne se prétendant indûment omise peut réclamer son inscription ; tout électeur inscrit sur une liste communale du département peut demander l'inscription d'une personne indûment omise ou la radiation d'une personne indûment inscrite.

Ces réclamations sont faites sans frais, à la mairie ; il en est donné récépissé.

10. Dans la huitaine qui suit l'expiration de ce dernier délai de trente jours, le maire transmet au juge de paix du canton les réclamations écartées par la commission.

Le juge de paix statue sans frais ni forme de procédure, après convocation des intéressés par simple lettre du greffier.

Toutefois, si la demande soumise au juge de paix implique la solution préjudicielle d'une question qui échappe à sa compétence, il renvoie les parties à se pourvoir devant le tribunal compétent, conformément aux dispositions du Code de procédure civile, et il fixe le délai dans lequel la partie ayant soulevé la question préjudicielle devra justifier de ses diligences.

A défaut de justification dans le délai indiqué, le juge de paix statue sur le fond.

Le greffier de la justice de paix envoie à chacun des maires du canton copie des décisions qui le concernent.

11. La décision du juge de paix n'est point susceptible d'opposition ni d'appel, mais elle peut être déférée à la Cour de cassation, pour violation de la loi.

Le pourvoi n'est recevable que s'il est formé dans les dix jours de la notification du jugement, il n'est pas suspensif; il est formé par simple requête dénoncée aux défendeurs dans les dix jours qui suivent et jugé d'urgence sans frais ni consignation d'amende.

Les pièces et mémoires déposés à la mairie par les parties sont transmis par le maire au greffier de la justice de paix et par celui-ci au greffe de la Cour de cassation.

La chambre des requêtes statue définitivement sur le pourvoi et le greffier transmet une copie de la décision au maire.

12. Tous les actes judiciaires auxquels donnent lieu les instances prévues aux articles 10 et 11, à l'exception de celles relatives à des questions d'état, sont dispensés du timbre et enregistrés gratis.

. . . .

18. Tout électeur a le droit d'arguer de nullité les opérations électorales de l'arrondissement dans lequel il est inscrit.

Les réclamations doivent, à peine de nullité, être déposées au secrétariat de la mairie de la commune où réside le réclamant, dans le délai de cinq jours à dater de celui où le résultat de l'élection a été proclamé : elles sont immédiatement transmises au préfet par l'intermédiaire du sous-préfet ; elles peuvent également être déposées, dans le même délai de cinq jours, à la préfecture ou à la sous-préfecture.

Il est donné récépissé de toute réclamation.

Il est statué, par le conseil de préfecture, dans le délai d'un mois, à dater du jour du dépôt de la réclamation constatée par le récépissé.

Les réclamants peuvent se pourvoir au Conseil d'État contre la décision du conseil de préfecture, dans le délai de trois mois à partir du jour de la notification qui leur est faite, par le préfet, de ladite décision.

Les réclamations ainsi que les recours sont jugés sans frais : les actes et pièces de ces procédures sont exempts de timbre et enregistrés gratis.

19. Si le préfet estime que les formes et les conditions légalement prescrites n'ont pas été observées, il peut également, dans le délai de quinze jours, à dater de la réception des procès-verbaux, déférer les opérations électorales au conseil de préfecture.

Le recours au Conseil d'État contre la décision du conseil de préfecture est ouvert, soit au préfet, soit aux parties intéressées, dans les délais et les formes réglées dans l'article précédent.

V. *L.* 25 *octobre* 1919, *art.* 12 *à* 14, 20 *et* 21, abrogée par *L.* 3 *janvier* 1924.

***

Loi du 7 février 1924,

Relative au mariage des enfants de parents disparus et modifiant les articles 71, 149, 150, 151, 154, 155, 158 *et* 160 *du Code civil* (D. P. 1924. 4. 226).

. . . .

Art. 5. L'article 154 du Code civil est ainsi modifié :

« Les enfants ayant atteint l'âge de vingt et un ans révolus et jusqu'à l'âge de vingt-cinq ans révolus sont tenus de justifier du consentement de leurs père et mère ou du survivant d'eux.

« A défaut de ce consentement, l'intéressé fera notifier, par un notaire instrumentant sans le concours d'un deuxième notaire ni de témoins, l'union projetée à ceux ou à celui dont le consentement n'est pas obtenu.

« L'acte de notification, visé pour timbre et enregistré gratis, énoncera les prénoms, noms, professions, domiciles et résidences des futurs époux, de leurs pères et mères, ainsi que le lieu où sera célébré le mariage.

« Il contiendra aussi déclaration que cette notification leur est faite en vue d'obtenir leur consentement et qu'à défaut il sera passé outre à la célébration du mariage.

« En cas de dissentiment entre le père et la mère, il pourra être passé outre à la célébration du mariage immédiatement après cette notification. Mais il n'y sera procédé que quinze jours francs écoulés après ladite notification, si les père et mère ou le survivant d'eux ont refusé leur consentement.

« Le présent article n'est pas applicable aux personnes qui contractent un second ou subséquent mariage. »

V. L. 21 *juin* 1907.

Loi du 23 février 1924,

Relative au régime fiscal des assurances contractées auprès d'assureurs étrangers
(D. P. 1925. 4ᵉ partie).

(*Instr. adm. enreg., n° 3806.*)

Art. 1ᵉʳ. Donneront lieu à la perception des mêmes droits et taxes que s'ils étaient passés avec des compagnies françaises les contrats conclus avec des compagnies ou assureurs étrangers ayant pour objet :

1° Des assurances contre l'incendie ou contre les risques agricoles concernant des biens situés en France ;

2° Des assurances sur la vie ou des rentes viagères souscrites par des personnes ayant en France leur domicile ou eur résidence habituelle ;

3° Des assurances contre tous autres risques souscrites, soit par des personnes ayant en France leur domicile ou leur résidence habituelle, à moins que ces assurances ne se rapportent à des établissements industriels, commerciaux ou agricoles situés hors de France, soit par des personnes domiciliées ou résidant à l'étranger quand les assurances concernent des établissements industriels, commerciaux ou agricoles situés en France.

2. Les droits et taxes sont acquittés :

1° Par les sociétés ou assureurs, lorsqu'ils ont en France un établissement, une agence, une succursale ou un représentant ;

2° Par les courtiers et tous autres intermédiaires résidant en France pour les contrats souscrits, par leur entremise, auprès des compagnies et assureurs qui n'ont pas le représentant responsable prévu par l'article 3 :

3° Par les assurés dans tous les autres cas.

Les compagnies ou assureurs, leur représentant responsable, leurs agents, directeurs d'établissements ou de succursales, ou leurs représentants, les courtiers d'assurances maritimes ou terrestres ou tous autres intermédiaires, ainsi que les assurés, sont solidaires pour le payement des droits, taxes et pénalités.

3. Les sociétés ou assureurs étrangers qui veulent avoir en France un établissement, une succursale, une agence ou un représentant doivent, au préalable et indépendamment des obligations qui leur sont imposées par la législation relative au contrôle et à la surveillance des assurances, faire agréer par l'Administration de l'enregistrement un représentant français personnellement responsable des droits, taxes et pénalités.

Ceux qui sont actuellement établis en France devront se conformer aux dispositions de l'alinéa précédent dans les trois mois de la publication de la présente loi au *Journal officiel*.

Les agréments et les retraits des représentants responsables sont publiés au *Journal officiel*, à la diligence de l'Administration de l'enregistrement. L'Administration publie, chaque année, au *Journal officiel*, dans le courant du mois de janvier, une liste des sociétés et assureurs ayant un représentant responsable à la date du 31 décembre précédent.

4. Les courtiers et toutes autres personnes qui, habituellement ou par occasion, prêtent leur entremise pour la conclusion d'assurances auprès de compagnies ou d'assureurs n'ayant pas le représentant responsable prévu par l'article 3 sont tenus d'en faire la déclaration au bureau de l'enregistrement de leur résidence.

Cette déclaration sera faite avant le quinzième jour qui suivra la date de la publication de la présente loi au *Journal officiel* par les courtiers ou intermédiaires déjà établis et, par les autres, avant le commencement de leurs opérations.

5. Les compagnies et assureurs étrangers qui ont un représentant français responsable, agréé par l'Administration de l'enregistrement, sont soumis, pour la liquidation, le payement et le contrôle de l'impôt, aux mêmes règles et obligations que les sociétés françaises, sous les mêmes sanctions.

6. Les courtiers ou intermédiaires sont tenus d'avoir un répertoire non sujet au timbre, mais coté, paraphé et visé, soit par un des juges du tribunal de commerce, soit par le juge de paix sur lequel ils consignent, jour par jour, par ordre de date, toutes les opérations passées par leur entremise ; ils y mentionnent la date de l'assurance, sa durée, le nom de l'assureur, le nom et l'adresse de l'assuré, le montant des capitaux assurés ou des rentes constituées, celui de la prime unique ou annuelle et des primes cumulées pour toute la durée et, dans le cas prévu par le n° 2 de l'article 2, le montant détaillé des droits et taxes qu'ils ont à verser au Trésor. Ce répertoire est soumis au visa des préposés de l'enregistrement selon le mode indiqué par la loi du 22 frimaire an VII.

Ils versent le montant des droits et taxes en une seule fois pour toute la durée de l'assurance, dans les dix jours qui suivent l'expiration de chaque trimestre. Toutefois, quand l'assurance est faite pour plus d'une année, et si les parties le requièrent, les taxes peuvent être fractionnées par année ; le payement est alors effectué, dans les conditions prévues à l'artic'e 8, par les courtiers ou intermédiaires pour la première année, par les assurés pour les années suivantes.

Il est déposé, à l'appui du versement, un relevé, article par article, de tous les contrats ou assurances inscrits sur le répertoire pendant le trimestre précédent et donnant lieu au payement de l'impôt par les courtiers ou autres intermédiaires. Ce relevé comprend, dans les colonnes distinctes, les indications portées sur le répertoire.

7. Les personnes visées par le n° 3 de l'article 2 sont tenues :

1° De passer, au bureau de l'enregistrement de leur domicile ou de leur résidence si elles sont domiciliées ou résident en France, ou à celui de leur établissement en France si elles sont domiciliées ou résident à l'étranger, dans le mois à compter de la date de la police, une déclaration faisant connaître la date, la nature et la durée du contrat, la compagnie ou assureur, le montant du capital assuré, celui de la prime unique ou annuelle et la date stipulée pour le payement des primes ;

2° D'acquitter les taxes annuelles dans les trois mois à compter de l'échéance stipulée pour chaque prime au bureau de l'enregistrement qui a reçu la déclaration.

8. Quand l'assurance passée par l'entremise d'un courtier ou d'un intermédiaire quelconque contient une clause de reconduction, les droits et taxes éligibles sont acquittés :

1° Pour la période ferme, par les courtiers ou intermédiaires, dans les conditions prévues par l'article 6 ; la clause de reconduction est mentionnée sur le répertoire et sur le relevé trimestriel dans la colonne de la durée ;

2° Pour les périodes postérieures, par les assurés, dans les conditions prévues par l'article 7 ; la déclaration prescrite par le n° 1 de ce dernier article est alors souscrite dans le mois du point de départ de chaque période.

9. Lorsque le droit de timbre est exigible au comptant, il est acquitté :

1° Dans le cas prévu au n° 2 de l'article 2, en même temps et dans les mêmes conditions que la taxe d'enregistrement, sans donner lieu à l'apposition matérielle d'un timbre ;

2° Dans le cas prévu au n° 3 de l'article 2, au moyen de l'apposition de timbres sur le contrat qui doit être présenté au receveur au moment de la déclaration prescrite par l'article 7.

10. Les courtiers et autres intermédiaires sont tenus de présenter, à toute réquisition des préposés de l'enregistrement, les livres dont la tenue est prescrite par le titre II du Code de commerce, ainsi que tous autres livres et documents pouvant servir au contrôle de l'impôt.

Les assurés sont tenus de communiquer leurs polices et contrats à toute réquisition des mêmes agents.

Le refus de communication, ainsi que la déclaration que les livres, contrats ou documents ne sont pas tenus ou ont été détruits, sont constatés par un procès-verbal et soumis aux sanctions édictées par l'article 5 de la loi du 17 avril 1906.

11. Dans les cas prévus aux numéros 2 et 3 de l'article 2, les taxes instituées par les articles 17 de la loi du 13 avril 1898 et 5 de celle du 30 janvier 1907 sont payées par les courtiers ou autres intermédiaires ou les assurés, sauf leur recours contre les assureurs ; la taxe instituée par cette dernière loi est, dans les mêmes cas, calculée au taux de 12 francs par million, quel que soit le montant des capitaux assurés.

12. Dans les cas prévus aux numéros 2 et 3 de l'article 2, tous les droits et taxes exigibles sont liquidés sur chaque contrat.

13. Chaque contravention aux dispositions de la présente loi autres que celles de l'article 8 sera punie d'une amende de 100 à 1 000 francs en principal.

Si elle a entraîné le défaut de payement, dans le délai légal, de la totalité ou d'une partie de l'impôt, elle sera punie, en outre, d'une amende égale, pour chaque mois ou fraction de mois de retard, au montant de l'impôt non payé dans le délai légal.

14. Est abrogé l'article 8 de la loi du 23 août 1871 en tant qu'il dispense de la taxe d'enregistrement les contrats d'assurances passés à l'étranger.

Sont également abrogées toutes autres dispositions des lois fiscales antérieures contraires aux prescriptions de la présente loi, à l'exception de celles qui concernent les assurances maritimes.

Néanmoins, les courtiers d'assurances maritimes et les notaires sont soumis aux prescriptions de la présente loi pour les assurances conclues par leur entremise et dont ils ne rédigent pas les contrats.

Demeurent expressément maintenues toutes dispositions actuellement en vigueur relatives au contrôle et à la surveillance des assurances.

15. Les taxes établies par les articles 17 de la loi du 13 avril 1898 et 5 de celle du 30 janvier 1907 sont applicables aux assureurs particuliers.

Décret du 18 mars 1924,

Portant règlement d'administration publique pour l'application des articles 36 et 37 de la loi de finances du 31 décembre 1921 relatifs à la vente publique des œuvres d'art.

Art. 1er. Sont considérés comme curiosités, antiquités, livres anciens, objets de collection, peintures, aquarelles, pastels, dessins, sculpture originale, tapisseries anciennes, pour la perception de la taxe spéciale de 1 pour 100 établie par l'article 36 de la loi de finances du 31 décembre 1921, les objets classés sous ces dénominations parmi les objets de luxe, par les décrets pris en exécution des dispositions des articles 57, 58 et 64 de la loi du 25 juin 1920.

V. *Décr. 7 septembre* 1923.

Loi du 22 mars 1924,

Ayant pour objet la réalisation d'économies, la création de nouvelles ressources fiscales et diverses mesures d'ordre financier (D. P. 1924. 4. 148).

(*Instr. adm. enreg., nos 3810 et 3814.*)

. . . .

Art. 3. En addition aux recettes autorisées par la loi du 28 décembre 1923, il sera perçu deux décimes sur tous les impôts, droits et taxes recouvrés au profit de l'État, selon les dispositions et sous réserve des exceptions prévues par la présente loi.

V. *L. 6 prairial an VII, art. 1er, et les annotations.*

. . . .

6. En ce qui concerne les droits de timbre, sont exemptés du double décime prévu à l'article 3 et sous réserve des dispositions spéciales qui font l'objet des articles 7 à 16, les droits et taxes énumérés ci-dessous

Le droit de timbre des quittances ;

Le droit de timbre des affiches sur papier :

Le droit de timbre des chèques et ordres de virement ;

Le droit de timbre des effets négociables et non négociables ;

Le droit de visa des passeports édictés par l'article 15 de la loi du 31 décembre 1917 :

Le droit de timbre des colis postaux ;

Le droit de timbre des bulletins de bagages ;

Le droit de timbre sur les opérations de bourses de valeurs ou de marchandises.

7. Le tarif du droit de timbre des affiches sur papier ordinaire, imprimées ou manuscrites est fixé de la manière suivante, sans addition de décimes :

Pour les affiches dont la dimension ne dépasse pas 15 décimètres carrés, 15 centimes ;

Au-dessus de 15 décimètres carrés jusqu'à 20 décimètres carrés, 30 centimes ,

Au-dessus de 30 décimètres carrés jusqu'à 60 décimètres carrés, 45 centimes ;

Au-dessus de 60 décimètres carrés jusqu'à 120 décimètres carrés, 60 centimes ;

Au delà de cette dimension, 30 centimes en plus par 120 décimètres carrés ou fraction de 120 décimètres carrés.

Le tarif est doublé pour les affiches contenant plus de cinq annonces distinctes.

Les affiches visées par les articles 17 de la loi du 8 avril 1910 et 11 de celle du 30 juillet 1913 sont assujetties à un droit de timbre égal à deux fois celui des affiches sur papier ordinaire.

Entrée en vigueur au 1er mai 1924, *Décr.* 15 *avril* 1924, *art.* 1er. — Timbres mobiles, *Décr.* 9 *juillet* 1925, *art.* 1er ; — timbrage à l'extraordinaire, *même décret, art.* 5.

8. Le taux du droit de timbre afférent aux chèques et aux ordres de virement en banque est fixé uniformément à 0 fr. 20 sans addition de décimes.

Toutefois, les chèques tirés sur toute autre personne qu'un banquier, un agent de change, le caissier-payeur central du Trésor public, les trésoriers-payeurs généraux, ou les receveurs particuliers des finances seront, en outre, soumis au droit du timbre de quittance.

Entrée en vigueur au 23 mars 1924. — Timbres mobiles pour chèques provenant de l'étranger et ordres de virement en banque, *Décr.* 15 *avril* 1924, *art.* 5. — Timbrage à l'extraordinaire des chèques et ordres de virement, *même décret, art.* 6. — Timbre du modèle unique, *Décr.* 9 *juillet* 1925.

9. Est fixé à 0 fr. 10 par 100 francs ou fraction de 100 francs, sans décimes, le tarif du droit proportionnel de timbre applicable :

1° Aux lettres de change, billets à ordre ou au porteur et tous effets négociables ou de commerce :

2° Aux billets et obligations non négociables ;

3° Aux délégations et tous mandats non négociables, quelles que soient leur forme et leur dénomination, servant à procurer une remise de fonds de place à place.

Dans le cas prévu par l'article 2 de la loi du 5 juin 1850, le droit de timbre est porté au triple de celui qui eût été exigible s'il avait été régulièrement acquitté.

Les effets tirés de l'étranger sur l'étranger et circulant en France continueront à payer le droit proportionnel spécial déterminé par l'article 3 de la loi du 20 décembre 1872.

Les dispositions contraires des lois antérieures sont abrogées.

Entrée en vigueur au 23 mars 1924. — Timbres mobiles, *Décr.* 15 *avril* 1924, *art. 7 et* 9. — Coupons de la débite et timbrage à l'extraordinaire, *même décret, art.* 8 *et* 10. — Timbre du modèle unique, *Décr.* 9 *juillet* 1925.

10. Le droit de visa des passeports édicté par les articles 15 de la loi du 31 décembre 1917 et 33, 3ᵉ alinéa, de la loi du 27 décembre 1923 est porté à 3 francs, sans décimes.

Entrée en vigueur au 1ᵉʳ mai 1924, *Décr.* 15 *avril* 1924, *art.* 1ᵉʳ. — Timbres mobiles, *même décret, art.* 11.

11. Les quotités du droit de timbre des connaissements, fixées à 2 francs, 1 franc et 50 centimes en principal par les articles 3, 4 et 5 de la loi du 30 mars 1872, sont portées respectivement aux mêmes taux que ceux afférents au grand papier, au petit papier et à la demi-feuille de petit papier de dimension.

Entrée en vigueur au 1ᵉʳ mai 1924, *Décr.* 15 *avril* 1924, *art.* 1ᵉʳ. — Timbres mobiles, *même décret, art.* 16. — Timbrage à l'extraordinaire, *même décret, art.* 71.

12. Les droits de timbre de 0 fr. 10 et 0 fr. 20 auxquels les bulletins d'expédition des colis postaux sont assujettis en vertu des articles 5 de la loi du 3 mars 1881 et 33 de celle du 29 juin 1918 sont portés respectivement à 0 fr. 15 et 0 fr. 25, sans décimes.

Timbre de 0 fr. 15 pour les colis postaux n'excédant pas 5 kilogr. et de 0 fr. 25 pour les colis postaux au-dessus de 5 kilogr. ; — timbre de 0 fr. 15 pour les colis postaux agricoles, *Décr.* 15 *avril* 1924, *art.* 14. — Entrée en vigueur au 1ᵉʳ mai 1924, *Décr.* 15 *avril* 1924, *art.* 1ᵉʳ. — Timbres mobiles pour les colis postaux venant de l'extérieur, *Décr.* 9 *juillet* 1925, *art.* 1ᵉʳ ; — timbrage à l'extraordinaire pour ceux provenant de l'intérieur, *Décr.* 15 *avril* 1924, *art.* 13 ; et pour les colis postaux agricoles, *même décret, art.* 14.

Le droit de timbre fixé à 0 fr. 10 par l'article 5 de la loi du 24 juillet 1881 est porté à 0 fr. 15 sans décimes, pour les envois contre remboursement effectués par colis postaux dont le poids ne dépasse pas 5 kilogrammes et à 0 fr. 25 sans décimes, quand le poids des colis postaux dépasse 5 kilogrammes.

Entrée en vigueur au 1ᵉʳ mai 1924, *Décr.* 15 *avril* 1924, *art.* 1ᵉʳ. — Timbres mobiles pour les envois par colis postaux venant de l'extérieur, *même décret, art.* 12. — Timbrage à l'extraordinaire pour les envois par colis postaux provenant de l'intérieur, *même décret, art.* 13. — Modèle unique, *Décr.* 9 *juillet* 1925.

13. Le deuxième alinéa de l'article 41 de la loi du 31 juillet 1913 et le deuxième alinéa de l'article 34 de la loi du 29 juin 1918 concernant le droit de timbre des récépissés d'expédition sur les tramways concédés avant le 31 juillet 1913 sont abrogés.

14. Le droit de timbre de 0 fr. 10 auquel l'article 35 de la loi du 29 juin 1918 a assujetti les bulletins de bagages est porté à 0 fr. 25 sans décimes.

Entrée en vigueur au 1er mai 1924, *Décr.* 15 *avril* 1924, *art.* 1er. — Timbres mobiles des quittances, *même décret, art.* 15. — Modèle unique, *Décr.* 9 *juillet* 1925.

15. Le droit de timbre auquel l'article 28 de la loi du 28 avril 1893 soumet toute opération de bourse ayant pour objet l'achat et la vente de valeurs de toute nature est porté à 50 centimes (0 fr. 50) par 1 000 francs ou fraction de 1 000 francs.

Il est perçu sur le montant de la négociation.

Sur les opérations de report, le droit est élevé à vingt centimes (0 fr. 20) par 1 000 francs ou fraction de 1 000 francs.

Il n'est pas innové en ce qui concerne les opérations relatives aux rentes sur l'État français.

V. *L.* 28 *avril* 1893, *art.* 28, *et les annotations.* — Tarifs portés à 0 fr. 60 et à 0 fr. 25, *L.* 13 *juillet* 1925, *art.* 73.

16. Le tarif du droit auquel l'article 9 de la loi du 27 février 1912 assujettit les opérations d'achat et de vente des marchandises à terme ou à livrer, traitées aux conditions des règlements établis dans les bourses de commerce, est doublé en ce qui concerne les opérations à terme ou à livrer et en ce qui concerne les opérations de report.

V. *L.* 27 *février* 1912, *et les annotations.* — Entrée en vigueur au 23 mars 1924.

17. Seront fixées par décret les dates de mise en vigueur des dispositions : 1° de l'article 3, en ce qui concerne les droits de timbre non payés par abonnement et la taxe instituée par l'article 57 de la loi du 25 juin 1920 ; 2° des articles 7, 10, 11, 12 et 14.

Date fixée au 1er mai 1924, *Décr.* 15 *avril* 1924, *art.* 1er.

18. Les actes dont la date est antérieure à la promulgation de la présente loi ne seront exempts du double décime en ce qui concerne les droits d'enregistrement qu'à la condition d'être présentés à la formalité dans les vingt jours qui suivront l'entrée en vigueur de la présente loi.

Rappr. *L.* 31 *juillet* 1920, *art.* 20.

. . . .

27. Le deuxième alinéa de l'article 3 de la loi du 17 mars 1909 est modifié comme suit :

« L'extrait ou avis, fait en exécution du précédent alinéa, devra être, à peine de nullité, précédé soit de l'enregistrement de l'acte contenant mutation, soit, à défaut d'acte, de la déclaration prescrite par le deuxième alinéa de l'article 8 de la loi du 28 février 1872 ; il devra, sous la même sanction, rapporter les date, volume et numéro de la perception, ou, en cas de simple déclaration, la date et le numéro du récépissé de cette déclaration et, dans les deux hypothèses, l'indication du bureau où ont eu lieu ces opérations. Il énoncera, en outre, la date de l'acte, les noms, prénoms et domiciles de l'ancien et du nouveau propriétaire, la nature et le siège du fonds, l'indication du délai ci-après fixé pour les oppositions et une élection de domicile dans le ressort du tribunal. »

28. Le quatrième alinéa de l'article 24 de la loi du 25 juin 1920 est remplacé par les dispositions suivantes :

« Sont soumises au droit proportionnel de 5 pour 100, sans décimes, les mutations à titre onéreux de propriétés ou d'usufruit, soit totales, soit partielles, de navires et bateaux de toute nature servant à la navigation maritime ou à la navigation intérieure, dont la jauge nette est supérieure à 100 tonnes. Le droit est perçu soit sur l'acte ou le procès-verbal de vente, soit sur la déclaration faite pour obtenir la francisation ou l'immatricule au nom du nouveau possesseur.

« A défaut d'acte, de procès-verbal de vente ou de déclaration en vue d'obtenir la francisation ou l'immatricule, le droit est perçu sur une déclaration faite au bureau de l'enregistrement dans les trois mois de la mutation. A défaut de payement du droit dans les trois mois de la mutation, l'ancien et le nouveau possesseur sont tenus chacun d'un droit en sus, personnellement et sans recours, nonobstant toute stipulation contraire.

« Sont applicables aux dissimulations de prix les dispositions des articles 12 et 13 de la loi du 23 août 1871, 7 de la loi du 27 février 1912, 7, 8, 9, 10 et 14 de la loi du 18 avril 1918.

« Les insuffisances de prix peuvent être constatées par expertise, dans les deux ans de l'enregistrement de l'acte ou de la déclaration de la mutation.

« Il sera perçu un droit en sus sur le montant de l'insuffisance, outre les frais d'expertise, si l'insuffisance excède un huitième du prix exprimé dans l'acte ou la déclaration. »

V. *L.* 13 *juillet* 1925, *art.* 61.

29. Les articles 3, 4 et 5 de la loi du 27 mai 1918 sont abrogés et remplacés par les dispositions suivantes :

« En cas d'insuccès des préliminaires de conciliation amiable, les insuffisances d'évaluations immobilières en matière de mutations à titre gratuit, entre vifs ou par décès, et d'échanges, seront constatées par voie d'expertise de la valeur des immeubles au jour de la mutation ; il y sera procédé dans les formes prescrites par l'article 5 de la loi du 27 février 1912 et par les dispositions non contraires des lois antérieures.

« L'insuffisance reconnue avant la notification de la requête en expertise ne donnera lieu à aucune pénalité : le redevable acquittera seulement le droit simple sur le supplément d'estimation. Il en sera de même de l'insuffisance constatée ou reconnue après la notification de ladite requête, si cette insuffisance n'excède pas le sixième de la valeur déclarée. Si l'insuffisance excède le sixième de la valeur déclarée, le redevable acquittera, outre le droit simple sur le supplément d'estimation, un droit en sus et les frais de l'expertise. En toute hypothèse, le redevable qui ne sera pas passible du droit en sus acquittera un intérêt de retard calculé au taux de 6 pour 100 sur le montant du complément de droit simple à compter du jour de l'enregistrement de l'acte ou de la déclaration constatant la mutation. »

Modifié, *L. 13 juillet 1925, art.* 57 à 61.

30. Lorsqu'une personne de nationalité française ou un étranger domicilié en France décédera, après avoir apporté des biens meubles ou immeubles situés en France à une société constituée à l'étranger avec ses enfants ou tous autres ayants droit à sa succession, l'Administration de l'enregistrement pourra, dans les trois mois qui suivront la déclaration de succession, exercer au profit du Trésor le droit de préemption sur la part du défunt dans ladite société, en offrant de verser la valeur attribuée à cette part dans ladite déclaration et le dixième en sus.

31. Lorsque les dividendes, intérêts, arrérages et tous autres produits des valeurs mobilières étrangères soumises par les lois en vigueur à des droits et taxes équivalents à ceux qui atteignent les valeurs françaises, sont stipulés payables soit en francs, soit en monnaies étrangères, au choix des porteurs, soit en or, et qu'ils sont touchés en monnaies étrangères, l'excès de leur valeur en monnaie française au cours du jour du payement sur leur montant nominal en francs français supporte l'impôt de 10 pour 100.

L'acquittement de cette taxe incombe aux personnes visées par les articles 35 à 37 de la loi du 29 mars 1914.

L'impôt est assis et perçu sur les bases et dans les conditions fixées par les articles 34 à 39 de la loi du 29 mars 1914 et par les dispositions du décret du 21 juin 1914.

32. L'article 2, 3°, 1er alinéa, de la loi du 29 juin 1872 est modifié ainsi qu'il suit :

« 3° Pour les parts d'intérêts et commandites :

« *a*) Lorsque la société est assujettie au droit de communication en vertu des lois existantes, soit par les délibérations des conseils d'administration, soit, à défaut de délibération, au moyen d'une déclaration à souscrire dans les trois mois de la clôture de l'exercice faisant connaître les bénéfices effectivement distribués au cours de l'exercice précédent ;

« *b*) Lorsque la société n'est pas assujettie au droit de communication, par l'évaluation à raison de 8 pour 100 du montant du capital social ou de la commandite, ou du prix moyen des cessions de parts d'intérêts consenties pendant l'année précédente, à moins que l'Administration ou les contribuables ne soient en mesure d'établir, dans les formes compatibles avec la procédure en matière d'enregistrement, le montant des bénéfices effectivement distribués, auquel cas la taxe est liquidée d'après le revenu ainsi déterminé. »

. . . .

41. En ce qui concerne les amendes pénales prononcées en France par les cours et tribunaux, le principal est majoré de 30 décimes.

L'article 1er de la loi du 6 prairial an VII, l'article 14 de la loi du 2 juillet

1822, l'article 1er de la loi du 23 août 1871, l'article 2 de la loi du 31 décembre 1873, l'article 110 de la loi du 25 juin 1920, sont abrogés, en ce qui concerne l'application aux amendes pénales des décimes ou demi-décimes qu'ils ont institués.

. . . .

44. Sous réserve des traités de réciprocité qui existent actuellement ou qui seront passés entre la France et les pays étrangers, les réductions d'impôts ou de taxes, les dégrèvements à la base, les déductions accordées par les lois en vigueur pour des raisons de charges de famille, les réductions sur les prix de transport en chemin de fer prévues au bénéfice des familles nombreuses ne sont applicables qu'aux citoyens français et aux originaires des colonies françaises ou des pays de protectorat.

45. Une revision exceptionnelle des évaluations foncières dans toutes les communes sera entreprise en 1924 et ses résultats serviront à l'assiette de l'impôt à partir du 1er janvier 1926 et jusqu'à l'application des résultats de la prochaine revision périodique.

46. Pour les propriétés bâties, la revision exceptionnelle prévue à l'article précédent sera effectuée suivant les règles applicables à l'exécution des revisions normales.

Les propriétaires d'immeubles loués en tout ou en partie devront adresser au contrôleur des contributions directes du lieu de leur situation, dans les six premiers mois de 1924, une déclaration écrite indiquant, au jour de sa production, le nom des locataires de chaque immeuble et le montant du loyer payé par chacun d'eux.

. . . .

Au cas où la déclaration produite par application des dispositions qui précèdent ferait apparaître des infractions aux prescriptions relatives à l'enregistrement des baux et des locations verbales, ces dernières infractions ne comporteraient pas d'amende et ne donneraient lieu qu'au payement d'un intérêt de retard au taux de 6 pour 100 en sus des droits exigibles.

. . . .

51. Aucune poursuite ne sera exercée, aucune amende fiscale ne sera répétée contre les redevables qui, ayant, avant la promulgation de la présente loi, omis de souscrire des déclarations d'impôts ou souscrit des déclarations insuffisantes, ou encore indiqué dans des actes portant mutation entre vifs de propriété ou de jouissance de biens immeubles ou de fonds de commerce des prix inexacts, auront spontanément, dans les six mois de cette promulgation, réparé leurs omissions ou rectifié leurs déclarations antérieures.

Cette disposition ne s'appliquera pas en matière de contribution extraordinaire sur les bénéfices de guerre.

52. S'il est établi que le contribuable a agi dans le but de se soustraire frauduleusement au payement total ou partiel des impôts, soit qu'il ait volontairement omis de faire sa déclaration dans les délais prescrits par la loi concernant l'impôt général sur le revenu, les impôts cédulaires et l'impôt de mutation par décès, soit qu'il ait volontairement dissimulé une part des sommes sujettes à l'impôt, il sera passible, indépendamment des sanctions fiscales établies par les lois en vigueur, d'une amende de 1 000 francs à 5 000 francs, à la condition, en cas de dissimulation, que l'insuffisance atteigne au moins 10 pour 100.

Le tribunal pourra, dans tous les cas, ordonner que le jugement sera publié intégralement ou par extraits dans les journaux qu'il désignera et qu'il sera affiché dans les lieux qu'il indiquera, le tout aux frais du condamné, sans toutefois que les frais de la publication et de l'affichage puissent dépasser 5 000 francs. Les dispositions des six derniers alinéas de l'article 7 de la loi du 1er août 1905 seront applicables.

L'article 463 du Code pénal pourra être appliqué.

Préalablement à toutes poursuites, le contribuable sera mis en demeure, par lettre recommandée, de faire ou de compléter sa déclaration dans un délai qui ne pourra être moindre de quinze jours ni excéder un mois.

En cas d'accord, le redevable ne sera passible que de l'amende fiscale. En cas de contestation, il sera statué par la juridiction compétente.

Les poursuites correctionnelles pourront, s'il y a lieu, être engagées, soit dès l'expiration du délai supplémentaire plus haut visé, soit, en cas de déclaration contestée, dès la décision de la juridiction compétente.

53. Les complices des délits ci-dessus spécifiés seront punis des mêmes peines, sous les distinctions prévues au paragraphe 1er de l'article 52, sans préjudice des sanctions disciplinaires, s'ils sont officiers publics ou ministériels.

54. Sera puni des peines prévues par l'article 52 le contribuable assujetti à l'impôt général sur le revenu qui, encaissant directement ou indirectement des revenus à l'étranger, aura volontairement, soit omis de faire sa déclaration, soit omis d'y inscrire la mention spéciale exigée par le paragraphe 4 de l'article 16 de la loi du 15 juillet 1914, complété par l'article 65 de la présente loi, soit dissimulé une partie des revenus susvisés.

Sera puni des mêmes peines quiconque, en vue de faire échapper à l'impôt tout ou partie de la fortune d'autrui, s'entremet, soit en favorisant les dépôts de titres à l'étranger, soit en y encaissant ou y faisant encaisser, en y négociant ou y faisant négocier des coupons, soit en émettant ou en encaissant des chèques ou tous autres instruments créés pour le payement des dividendes, intérêts, arrérages ou produits quelconques des valeurs mobilières.

. . . .

61 à 64 et 66 à 68. *Abrogés par L. 13 juillet 1925, art. 23.*

69. A partir de la promulgation de la présente loi, quiconque veut faire profession ou commerce de recueillir, acheter ou vendre, négocier, escompter, encaisser ou payer des monnaies ou devises étrangères : coupons, titres d'actions ou d'obligations négociables ou non négociables, quels que soient leur dénomination et le lieu de leur création, dont le montant ou le prix est payable à l'étranger en monnaies étrangères ou payables en France en monnaie française sur une disposition de l'étranger ou après négociation à l'étranger, est tenu, avant toute opération, d'en obtenir l'autorisation écrite du ministre des finances et de faire la déclaration de cette profession ou de ce commerce au bureau de l'enregistrement de sa résidence, et, s'il y a lieu, au bureau de l'enregistrement de chacune de ses succursales ou agences. Cette déclaration ne pourra être reçue que si elle est accompagnée de ladite autorisation écrite du ministre des finances. L'autorisation du ministre des finances est toujours révocable.

Les personnes qui, antérieurement à la promulgation de la présente loi, ont fait la déclaration qui était prévue à l'article 1er de la loi du 1er août 1917 sont provisoirement autorisées à continuer leurs opérations. Pendant un délai qui sera fixé par arrêté du ministre des finances et après examen de ces déclarations, le ministre des finances pourra leur enlever le droit de tenir le répertoire. Après l'expiration de ce délai, les personnes auxquelles le ministre des finances n'aura pas retiré le droit de tenir le répertoire seront assimilées à celles qui ont obtenu l'autorisation prévue au paragraphe 1er du présent article.

70. Les contraventions aux prescriptions de l'article 69 de la présente loi et des articles 2, 3 et 4 de la loi du 1er août 1917, ainsi qu'à celles des arrêtés ministériels prévus à l'article 4 de la loi du 1er août 1917, seront constatées par des procès-verbaux dressés par les agents dont la désignation est prévue audit article 4.

Les poursuites ne pourront être exercées qu'à la requête du ministre des finances.

Le ministre des finances est autorisé à transiger et le retrait de sa plainte avant le jugement entraînera l'abandon des poursuites.

Les infractions à l'article 69 de la présente loi seront punies d'une amende de 1 000 à 5 000 francs et d'un emprisonnement d'un mois à six mois ou de l'une de ces deux peines seulement.

Les infractions aux articles 2, 3 et 4 de la loi du 1er août 1917 et aux arrêtés ministériels prévus à l'article 4 de ladite loi seront punies d'une amende de 1 000 à 5 000 francs.

Les dispositions de l'article 463 du Code pénal sont applicables aux articles 69 et 70 de la présente loi et restent applicables aux articles 2, 3 et 4 de la loi du 1er août 1917 et aux arrêtés ministériels prévus à l'article 4 de ladite loi.

71. Les dispositions des articles 1er et 5 de la loi du 1er août 1917 et 14 de la loi du 28 février 1921 sont modifiées ou remplacées en ce qu'elles ont de contraire par celles des articles 69 et 70 de la présente loi dans tous les textes en vigueur.

. . . .

Arrêté ministériel du 7 avril 1924,

Relatif au recouvrement par traite de l'impôt sur le chiffre d'affaires
(D. P. 1924. 4. 178).

Art. 1er. Les administrations, chargées du recouvrement de l'impôt sur le chiffre d'affaires, sont autorisées à faire présenter aux redevables, par le service des postes et des télégraphes, les traites ou autres titres émis pour le recouvrement de cet impôt, conformément au dernier alinéa de l'article 15 du **décret du 24 juillet 1920**.

Ces traites ou autres titres ne seront pas réexpédiés par le service des postes et des télégraphes au cas de changement d'adresse des redevables.

2. Les frais de traite et de recouvrement à ajouter au montant de l'impôt, payable de la manière indiquée à l'article qui précède, se composent :

1° D'une somme fixe de 20 centimes, quelle que soit la somme à recouvrer ;

2° Du droit proportionnel d'encaissement édicté par les lois en vigueur fixant le tarif des taxes postales.

3. Est abrogé l'arrêté ministériel du 14 septembre 1920.

Décret du 15 avril 1924,

Relatif aux majorations des droits de timbre édictées par la loi du 22 mars 1924
(D. P. 1924. 4. 165).
(*Instr. adm. enreg., n° 3814*).

Art. 1er. Les dispositions de l'article 3 de la loi du 22 mars 1924, en ce qui concerne les droits de timbre non payés par abonnement et la taxe instituée par l'article 57 de la loi du 25 juin 1920 et celles des articles 7, 10, 11, 12 et 14 de la même loi entreront en vigueur le 1er mai 1924.

V. L. 22 mars 1924, art. 17.

2. A l'exception des permis de chasse, des timbres visés à l'article 6 de ladite loi et des timbres créés par l'article 6 du décret du 13 janvier 1922, pour l'acquittement de l'impôt sur le revenu des valeurs mobilières étrangères ainsi que des créances, dépôts et cautionnements, tous les papiers timbrés de dimension et tous les timbres mobiles qui seront imprimés à partir du 15 avril 1924 porteront, indépendamment du prix principal, la mention « deux dixièmes en sus ».

V. L. 13 brumaire an VII, art. 4 et art. 7, et les annotations.

3. Les types actuellement en usage pour le timbrage à l'extraordinaire de ces mêmes papiers timbrés de dimension et timbres mobiles seront modifiés de telle sorte qu'ils indiquent, indépendamment de la quotité actuelle, que cette quotité est assujettie à une perception supplémentaire de 2 dixièmes.

Ces types seront conformes aux modèles annexés au présent décret.

V. L. 13 brumaire an VII, art. 7, et les annotations; Décr. 9 juillet 1925.

4. En ce qui concerne les permis de chasse, la majoration de 2 dixièmes de la part de l'État sera comprise dans le prix global du permis ; en conséquence, l'indication du prix figurant sur le permis sera modifiée et portée à 116 francs pour les permis généraux et à 44 francs pour les permis départementaux.

Les formules de permis de chasse seront conformes aux modèles annexés au présent décret.

V. L. 25 juin 1920, art. 44 ; Décr. 3 juin 1924.

5. Il sera fait usage pour le timbrage des chèques provenant de l'étranger et des ordres de virement en banque, en exécution de l'article 8 de la loi du 22 mars 1924, du timbre mobile des effets de commerce à 20 centimes.

V. *L. 22 mars 1924, art.* 8; *Décr. 9 juillet* 1925.

6. Le timbrage à l'extraordinaire des chèques et des ordres de virement en banque aura lieu au moyen du type à 20 centimes, actuellement existant et conforme au modèle ci-joint.

V. *L. 22 mars 1924, art.* 8; *Décr. 9 juillet* 1925.

7. La série de timbres mobiles pour les effets négociables et non négociables comprendra des timbres de 10 centimes, 20 centimes, 30 centimes, 40 centimes, 50 centimes, 60 centimes, 70 centimes, 80 centimes, 90 centimes, 1 franc, 2 francs, 3 francs, 4 francs, 5 francs, 6 francs, 7 francs, 8 francs, 9 francs, 10 francs, 15 francs, 20 francs, 25 francs, 30 francs, 50 francs et 100 francs.

Ces timbres seront conformes aux modèles annexés au présent décret.

V. *L. 22 mars 1924, art.* 9; *Décr. 9 juillet* 1925.

8. La série des types de timbres destinés au timbrage des coupons de la débite comprendra des modèles de 10 centimes, 20 centimes, 30 centimes, 40 centimes, 50 centimes, 60 centimes, 70 centimes, 80 centimes, 90 centimes, 1 franc, 1 fr. 50, 2 francs, 2 fr. 50, 3 francs, 3 fr. 50, 4 francs, 4 fr. 50, 5 francs, 6 francs, 7 francs, 8 francs, 9 francs, 10 francs, 15 francs, 20 francs, 25 francs, 30 francs, 50 francs et 100 francs. Les types créés seront employés également pour le timbrage à l'extraordinaire.

Les empreintes de ces types seront conformes aux spécimens annexés au présent décret.

V. *L. 22 mars 1924, art.* 9.

9. Le payement des droits de timbre des effets négociables et non négociables peut être constaté au moyen de l'apposition de plusieurs timbres mobiles.

Il est également fait usage des timbres mobiles pour acquitter les droits complémentaires exigibles en cas d'emploi de coupons ou de papiers timbrés à l'extraordinaire.

10. Le timbrage à l'extraordinaire n'est permis que pour les quotités visées à l'article 8 du présent décret.

11. Il est créé pour l'acquittement du droit de visa des passeports établi par l'article 10 de la loi du 22 mars 1924, un timbre mobile de 3 francs conforme au modèle ci-annexé.

V. *L. 22 mars 1924, art.* 10.

12. Pour le payement du droit de timbre établi par le premier alinéa de l'article 12 de la loi du 22 mars 1924 sur les colis postaux de 5 kilogrammes et au-dessous venant de l'extérieur, il est créé un timbre mobile de 15 centimes conforme au modèle annexé au présent décret.

Pour l'acquittement du droit de timbre de 25 centimes, établi par le

même article 12 de ladite loi pour les colis postaux de plus de 5 kilogramme
venant de l'extérieur, il sera fait usage du timbre à 25 centimes créé pa
l'article 1er du décret du 28 juillet 1920 pour les quittances, reçus ou dé
charges.

Ces mêmes timbres seront employés par application du deuxième alinéa
dudit article 12 de la loi du 22 mars 1924 pour les envois contre rembour
sement effectués par colis postaux venant de l'extérieur.

V. *L.* 22 *mars* 1924, *art.* 12 ; *Décr.* 9 *juillet* 1925.

13. Indépendamment du type de timbre à l'extraordinaire de 25 cen
times déjà existant, il est créé un nouveau type de 15 centimes destiné à
timbrer à l'extraordinaire, au tarif prévu au premier alinéa de l'article 12
de la loi du 22 mars 1924, les bulletins d'expédition des colis postaux por
venant de l'intérieur.

Ces types, qui seront conformes aux modèles annexés au présent décret
seront également employés, par application du deuxième alinéa dudit
article 12 de la loi du 22 mars 1924, pour les envois contre remboursement
effectués par colis postaux provenant de l'intérieur.

V. *L.* 22 *mars* 1924, *art.* 12 ; *Décr.* 9 *juillet* 1925.

14. Il est créé un type conforme au modèle annexé au présent décret,
destiné à timbrer à l'extraordinaire, au tarif de 15 centimes, les récépissés
des colis postaux agricoles prévus à l'article 1er du décret du 27 octobre
1911.

15. Pour l'acquittement du droit de timbre des bulletins de bagages
fixé à 25 centimes par l'article 14 de la loi du 22 mars 1924, il sera fait
usage du timbre mobile de 25 centimes employé pour les quittances, reçus
et décharges.

V. *L.* 22 *mars* 1924, *art.* 14 ; *Décr.* 9 *juillet* 1925.

16. Il est créé pour l'exécution de l'article 11 de la loi du 22 mars 1924,
des timbres mobiles à 2 francs, 4 francs et 8 francs, outre le double décime,
conformes au modèle annexé au présent décret.

Chaque timbre se compose de deux empreintes, dont l'une portant l'in
dication de prix est toujours apposée sur le connaissement destiné au capi
taine et dont l'autre, désignée sous le nom d'estampille de contrôle, est
appliquée, savoir :

Pour les connaissements créés en France en excédent du nombre prescrit
par l'article 282 du Code de commerce, sur chaque original supplémentaire.

Pour les connaissements venant de l'étranger, sur l'original destiné au
consignataire et sur tous originaux qui seraient représentés par le capi
taine.

V. *L.* 22 *mars* 1924, *art.* 11.

17. Le timbrage à l'extraordinaire du connaissement destiné au capitaine
aura lieu au moyen des types utilisés pour les papiers timbrés de dimension,
ou à 2 francs, 4 francs et 8 francs, outre le double décime. Pour le timbrage

des estampilles de contrôle, il sera fait usage des types actuellement existants.

V. *L. 22 mars 1924, art. 11.*

18. Pour l'application du droit de timbre des récépissés de chemins de fer et des lettres de voiture, il est **créé un timbre** mobile de 25 centimes, outre le double décime, conforme au **modèle ci-joint.**

V. *L. 29 juin 1918, art. 34; L. 30 juin 1923, art. 14; Décr. 9 juillet 1925.*

19. Pour le timbrage à l'extraordinaire de ces **mêmes récépissés** et lettres de voiture, il est créé un type analogue à 25 centimes, outre le double décime.

Ce type sera conforme au modèle annexé au présent décret.

V. *L. 29 juin 1918, art. 34; L. 30 juin 1923, art. 14; Décr. 9 juillet 1925.*

20. Il est créé pour l'acquittement **du droit de** timbre des récépisses ou lettres de voiture, concernant les recouvrements effectués **par les entrepreneurs** de transports à titre de remboursement des objets **transportés,** établi par l'article 10 de la loi du 19 février 1874, un timbre mobile à 35 centimes, outre le double décime, conforme au modèle ci-annexé.

V. *L. 19 février 1874, art. 10; Décr. 9 juillet 1925.*

21. Il est créé pour le timbrage à l'extraordinaire des récépissés ou lettres de voiture visés à l'article 20 du présent décret un type à 35 centimes, outre le double décime, conforme au modèle ci-annexé.

V. *L. 19 février 1874, art. 10; Décr. 9 juillet 1925.*

22. La série des timbres mobiles pour affiches sur papier ordinaire, imprimées ou manuscrites, comprendra des timbres à 15 centimes, 30 centimes, 45 centimes, 60 centimes, 90 centimes et 1 fr. 20.

Ces timbres seront conformes aux modèles annexés au présent décret.

V. *L. 22 mars 1924, art. 7.*

23. La série des types destinés au timbrage à l'extraordinaire desdites affiches comprendra des modèles à 15 centimes, 30 centimes, 45 centimes, 60 centimes, 90 centimes, 1 fr. 20, 1 fr. 50, 1 fr. 80, 2 fr. 10, 2 fr. 40, 2 fr. 70 et 3 francs.

Les empreintes de ces types seront conformes aux spécimens annexés au présent décret.

V. *L. 22 mars 1924, art. 7; Décr. 9 juillet 1925.*

24. Les papiers timbrés de dimension de la débite actuellement en usage pourront être employés, après avoir été complémentés avant l'emploi par les soins des receveurs de l'enregistrement, au moyen de l'apposition de timbres mobiles fiscaux, de quelque nature que ce soit.

Ces timbres sont oblitérés au moyen de la griffe du bureau.

V. *L. 25 juin 1920, art. 36.*

25. Les timbres mobiles des modèles actuellement existants continueront à être utilisés ; pour acquitter le complément de droit, il sera fait usage d'un ou de plusieurs timbres mobiles fiscaux, de n'importe quelle catégorie.

Ces timbres additionnels seront oblitérés par les contribuables de la manière prescrite pour l'oblitération des timbres principaux.

V. *L.* 13 *brumaire an VII, art.* 7, *et les annotations*; *Décr.* 9 *juillet* 1925.

26. Les papiers déjà timbrés à l'extraordinaire autres que les papiers timbrés de dimension seront complémentés dans les conditions prévues à l'article 25 du présent décret.

Les papiers timbrés de dimension déjà timbrés à l'extraordinaire seront complémentés par les soins des receveurs de l'enregistrement, conformément aux dispositions de l'article 24 du présent décret.

V. *L.* 13 *brumaire an VII, art.* 7, *et les annotations.*

27. Indépendamment des modes de timbrage prévus aux articles 24, 25 et 26 du présent décret, le droit complémentaire pourra être acquitté au moyen d'un visa pour timbre.

V. *L.* 13 *brumaire an VII, art.* 11 *et* 15.

28. En attendant la création de nouveaux types de timbrage à l'extraordinaire, les types actuellement en usage continueront à être utilisés.

En ce qui concerne le timbrage à l'extraordinaire des titres de rente, emprunts et autres effets publics des gouvernements étrangers, ainsi que des autres valeurs mobilières étrangères, il sera fait provisoirement usage des types existants conformes aux modèles annexés aux décrets des 22 avril 1914 et 2 janvier 1896 ; un contre-timbre conforme au modèle ci-joint servira à constater le versement du complément du double décime.

V. *L.* 13 *mai* 1863, *art.* 6, *et les annotations*; *L.* 30 *mars* 1872, *art.* 2; *Décr.* 9 *juillet* 1925.

29. L'Administration de l'enregistrement, des domaines et du timbre fera déposer aux greffes des cours et tribunaux des modèles de chacun des timbres mobiles et des spécimens de chacune des empreintes créées par les articles précédents.

Il sera dressé, sans frais, procès-verbal de ce dépôt.

Loi du 16 avril 1924,

Modifiant le régime fiscal applicable au petit commerce et à la petite industrie
(D. P. 1925. 4° partie).

. . . .

Art. 5. Les quatrième, cinquième et sixième alinéas de l'article 67 de la loi du 25 juin 1920, modifiés par l'article 13 de la loi du 30 mars 1923, sont modifiés comme suit :

« Seront dispensés sur leur demande, et moyennant le versement d'un forfait annuel, de la tenue des documents prévus à l'article 66 de la loi du 25 juin 1920 et de la production des justifications et relevés fixés aux paragraphes 1 er et 2 de l'article 67 de la loi précitée, ainsi que des obligations prévues par l'article 32 de la loi du 31 juillet 1920, les redevables dont le chiffre d'affaires annuel n'excède pas 200 000 francs, s'il s'agit de redevables dont le commerce principal est de vendre des marchandises, denrées, fournitures et objets à emporter ou consommer sur place et de fournir le logement, ou 40 000 francs, s'il s'agit d'autres redevables.

« Le montant du forfait, servant de base à l'impôt, sera établi par l'Administration, après entente avec le contribuable.

En cas de désaccord, l'évaluation sera effectuée, sur la demande du contribuable, par une commission siégeant au chef-lieu de chaque département et composée d'un conseiller de préfecture désigné par le préfet, président, de trois chefs de services financiers désignés par le ministre des finances ou de leurs délégués et de trois membres désignés par les chambres de commerce, ou, à défaut, par le ministre du commerce. Ces trois derniers membres pourront, en cas d'empêchement, être remplacés par des membres suppléants qui seront désignés en même temps et de même manière que les membres titulaires. En cas de désaccord avec un syndicat ou une coopérative agricoles, ces trois derniers membres seront remplacés par trois représentants des syndicats et des coopératives agricoles du département, désignés au début de chaque année ainsi que leurs trois suppléants par les chambres d'agriculture.

« Cette commission entendra le contribuable intéressé ou son mandataire, qui ne pourra être qu'un commerçant patenté de la profession ou un membre du bureau d'un syndicat ou d'une coopérative agricoles, si l'affaire concerne une association agricole, un officier ministériel ou un avocat régulièrement inscrit à un barreau, si l'intéressé a demandé à fournir des explications orales ; elle se fera communiquer par le redevable, ainsi que par les administrations compétentes, tous renseignements ou justifications qui lui paraîtront nécessaires pour déterminer le montant du forfait.

« Le contribuable pourra, dans un délai de vingt jours à compter de la notification de la décision de la commission, déclarer qu'il renonce au bénéfice du forfait ainsi déterminé, pour rester soumis au régime des articles 66 et 67 de la loi du 25 juin 1920.

« Le forfait sera établi pour une période de deux années ; il sera renouvelable d'année en année par tacite reconduction, sauf dénonciation par le contribuable ou l'Administration au cours des deux derniers mois de chaque année.

« Toutefois, le forfait pourra être revisé au cours des deux mois qui précéderont l'expiration de chaque semestre, à la demande soit du contribuable, soit de l'Administration, en cas de changement notoire dans la nature ou le mouvement des affaires assujetties à la taxe de 10 pour 100, par application des dispositions du paragraphe 2, n° 3, de l'article 63 de la loi du 25 juin 1920.

« En cas de désaccord entre le contribuable et l'Administration, le différend sera porté devant la commission instituée par le sixième alinéa du présent article.

« Le payement de l'impôt sera fait, par quart, tous les trois mois.

« Un règlement d'administration publique déterminera les conditions d'application du forfait prévu par le présent article. »

V. *L. 25 juin 1920, art. 66 et 67 ; L. 31 juillet 1920, art. 32 ; Décr. 9 novembre 1924.*

6. A titre transitoire, le montant du forfait afférent aux huit derniers mois de l'année 1924 sera calculé d'office pour tous les redevables visés à l'article 5 de la présente loi sur la base du chiffre d'affaires réalisé pendant l'année 1923.

Toutefois, les intéressés auront la faculté de déclarer avant le 30 avril 1924 qu'ils renoncent au bénéfice du forfait ainsi déterminé, pour rester soumis au régime des articles 66 et 67 de la loi du 25 juin 1920.

Loi du 2 mai 1924,

Tendant à soumettre, en vue de leur examen ou de leur réduction, certaines indemnités de dommages de guerre à un recours extraordinaire en réduction (D. P. 1925. 4e partie).

. . . .

Art. 6. ... Tous les actes concernant les inscriptions de mainlevées ou de radiation, faites en exécution de la présente loi, sont dispensés du timbre et enregistrés gratis.

Ils sont, en outre, dispensés de la taxe hypothécaire édictée par les articles 2 et 3 de la loi du 27 juillet 1900, modifiés par les articles 4 et 5 de la loi du 30 avril 1921.

Les salaires et émoluments afférents à ces formalités seront dus suivant les tarifs en vigueur, sans toutefois qu'un conservateur hypothécaire puisse réclamer plus de 20 fr. pour la radiation d'une inscription.

Arrêté du 9 mai 1924,

Réglementant les conditions d'exonération de l'impôt de 10 pour 100 sur le chiffre d'affaires pour les ventes d'objets de luxe consenties par des commerçants français à des commerçants monégasques (D. P. 1924. 4. 223).

Art. 1er. L'exemption prévue par l'article 20 du décret du 24 juillet 1920, en ce qui concerne l'impôt de 10 pour 100 édicté par l'article 63 de la loi du 25 juin 1920, est applicable à tout commerçant français qui vend à un commerçant monégasque des marchandises, denrées, fournitures ou objets classés comme étant de luxe, à condition :

1° Que le vendeur ait ouvert au commerçant acquéreur un compte ou lui ait délivré un carnet d'escompte sur lequel seront portés tous les achats effectués par lui ;

2° Qu'il fasse remettre chaque année par ledit commerçant, avant tout achat, un écrit revêtu de sa signature dans lequel celui-ci indique ses noms, prénoms et adresse, et certifie sous sa responsabilité.

a) Qu'il est titulaire soit d'une licence, soit d'un certificat d'exercice de commerce délivré par le maire, dont la date et le numéro, et, le cas échéant, la date d'enregistrement à Monaco seront expressément rappelés :

b) Que tous les achats qui seront portés à son compte ou à son carnet d'escompte seront effectués pour son propre compte et s'appliqueront à des objets destinés à être revendus par lui, avec ou sans transformation.

Cette attestation pour être valable devra, préalablement à toute opération d'achat, être soumise à la formalité de l'enregistrement au bureau de l'enregistrement de Nice qui sera désigné à cet effet. Elle donnera lieu à la perception d'un droit fixe d'enregistrement de 6 francs, outre le droit du timbre de dimension.

Toute attestation subséquente mentionnera la date et le numéro de la formalité qui aura été donnée ainsi qu'il est dit au paragraphe précédent.

Les dispositions du présent article ne sont pas applicables en cas de vente publique.

2. Les dispositions du présent article auront effet à la même date que celles prises par le gouvernement du prince de Monaco, en ce qui concerne les ventes faites par des commerçants monégasques à des commerçants français.

V. *Décr.* 24 *juillet* 1920, *art.* 20.

Décret du 3 juin 1924,

Relatif à la prorogation de la validité des permis de chasse (D. P. 1924. 4. 182).

Art. 1er. Les permis de chasse seront conformes au modèle annexé. Les autorités chargées de la délivrance des permis auront la faculté d'en proroger d'année en année la validité pendant une période maximum de quatre ans. Chaque prorogation qui devra faire l'objet d'une demande sur papier timbré sera constatée par l'apposition d'un timbre mobile sur la formule dont le titulaire est déjà muni.

2. Il est créé, à cet effet, deux timbres mobiles, l'un de 44 francs pour les permis de chasse départementaux et l'autre de 116 francs pour les permis de chasse généraux. Ces timbres, conformes aux modèles annexés, indiquent la date extrême de validité et le numéro d'ordre des permis sur lesquels ils seront apposés, ils sont oblitérés au moyen de la griffe de l'autorité qui accorde la prorogation apposée à l'encre grasse, partie sur le timbre, partie sur le permis.

3. Mention de la prorogation devra être faite sous le numéro du permis initial, sur le registre à souche spécial tenu à la préfecture.

V. *Décr.* 11 *juillet* 1810, *art.* 13, *et les annotations*; *L.* 25 *juin* 1920, *art.* 44; *Décr.* 15 *avril* 1924, *art.* 4.

Loi du 21 juin 1924,

Portant codification des lois ouvrières (Livre IV du code du travail et de la prévoyance sociale) (D. P. 1924. 4. 225).

TITRE Ier

DE LA JURIDICTION.

. . . .

Art. 74. Les articles 5, 7, 10, 11, 12, 13, 14, 15, 18, 20, 21, 22, 28, 29, 31, 32, 33, 34, 35, 36, 37, 38, 39, 40, 41, 42, 43, 46, 47, 54, 55, 73, 130, 131, 156, 168, 169, 170, 171, 172, 442, 452, 453, 454, 455, 456, 457, 458. 459, 460, 474, 480 et 1033 du Code de procédure civile, 63 du décret du 20 avril 1810, 17 de la loi du 30 août 1883 sont applicables à la juridiction des prud'hommes en tout ce qu'ils n'ont pas de contraire aux dispositions du présent titre.

75. Les actes de procédure, les jugements et actes nécessaires à leur exécution sont rédigés sur papier visé pour timbre et enregistrés en débet. Le visa pour timbre est donné sur l'original au moment de son enregistrement.

Par exception, les procès-verbaux, jugements et actes sont enregistrés gratis toutes les fois qu'ils constatent que l'objet de la contestation ne dépasse pas la somme de vingt francs (20 fr.).

Ces dispositions sont applicables aux causes portées en appel ou devant la Cour de cassation. Elles le sont aussi à toutes les causes qui sont de la compétence des conseils de prud'hommes et dont les juges de paix sont saisis dans les lieux où ces conseils ne sont pas établis, et ce, conformément à l'article 27 de la loi du 22 janvier 1851.

V. *L. 27 mars 1907, art.* 40.

. . . .

77. L'assistance judiciaire peut être accordée devant les conseils de prud'-hommes dans les mêmes formes et conditions que devant les justices de paix.

La partie assistée judiciairement peut obtenir du bâtonnier de l'ordre la commission d'un avocat pour présenter ses moyens de défense devant le bureau de jugement du conseil de prud'hommes.

78. Les demandes qui sont de la compétence de conseils de prud'hommes, et dont les juges de paix sont saisis dans les lieux où ces conseils ne sont pas établis, sont formées, instruites et jugées, tant devant la juridiction de première instance que devant les juges d'appel ou la Cour de cassation, conformément aux règles établies par les dispositions du présent titre.

V. *L. 27 mars 1907, art.* 40.

TITRE II.

DE LA CONCILIATION ET DE L'ARBITRAGE EN MATIÈRE DE DIFFÉRENDS COLLECTIFS ENTRE PATRONS ET OUVRIERS OU EMPLOYÉS.

. . . .

114. La demande de conciliation et d'arbitrage, le refus ou l'absence de réponse de la partie adverse, la décision du comité de conciliation ou celle des arbitres notifiés par le juge de paix au maire de chacune des communes où s'étendait le différend, sont, par chacun de ces maires, rendus publics par affichage à la place réservée aux publications officielles.

L'affichage de ces décisions pourra, en outre, se faire par les parties intéressées. Les affiches seront dispensées du timbre.

V. *L. 27 décembre 1892, art. 11.*

. . . .

117. Tous actes faits en exécution des dispositions du présent titre sont dispensés du timbre et enregistrés gratis.

V. *L. 27 décembre 1892, art. 14.*

Loi du 30 juin 1924,

Fixant le mode d'établissement et de perception des taxes destinées à faire face au payement des allocations temporaires instituées par la loi du 15 juillet 1922 en faveur de certaines catégories de bénéficiaires de rentes au titre de la loi du 9 avril 1898 sur les accidents du travail (D. P. 1925. 4e partie).

(Instr. adm. enreg., nº 3820).

Art. 1er. A partir du 1er janvier 1925 les taxes fixées par l'article 7 de la loi du 15 juillet 1922, instituant des allocations temporaires en faveur de certaines catégories de bénéficiaires de rentes au titre de la loi du 9 avril 1898 sur les accidents du travail, sont remplacées par les deux taxes ci-après, perçues et déterminées suivant les modalités fixées par la loi du 30 décembre 1922, pour l'alimentation du fonds de garantie et du fonds de prévoyance des blessés de la guerre victimes d'accidents du travail :

1º Une contribution des exploitants assurés perçue sur toutes les primes d'assurances acquittées au titre de la législation des accidents du travail. Pour l'exercice 1925, cette contribution est fixée à 2,50 pour 100 desdites primes ;

2º Une contribution des exploitants non assurés autres que l'État employeur, perçue sur les capitaux constitutifs des rentes mises à leur charge. Pour l'exercice 1925, cette contribution est fixée à 5 pour 100 desdits capitaux.

2. A partir du 1er juillet 1924, et jusqu'au 1er janvier 1925, il sera perçu, en sus des taxes fixées par l'article 7 de la loi du 15 juillet 1922, dans les conditions prévues à l'article 1er ci-dessus :

1º Une contribution des exploitants assurés, fixée à 0,50 pour 100 des primes d'assurance ;

2º Une contribution des exploitants non assurés autres que l'État employeur fixée à 1 pour 100 des capitaux constitutifs des rentes mises à leur charge.

V. *L. 30 décembre 1922 ; Décr. 23 mai 1923.*

Loi du 30 juin 1924,

Portant : 1° ouverture et annulation ae crédits, sur l'exercice 1923, au titre du budget général ; 2° ouverture et annulation de crédits, sur l'exercice 1923, au titre du budget spécial des depenses recouvrables en exécution des traités de paix (D. P. 1925. 4ᵉ partie).

(*Instr. adm. enreg.*, n° 3821.)

. . . .

Art. 12. L'article 14 de la loi de finances du 30 juillet 1913 et l'article 4 de la loi du 29 septembre 1917 sont remplacés par les dispositions suivantes :

« Les actes et jugements passés ou rendus en Tunisie ou au Maroc sont, au point de vue de la perception des droits de timbre et d'enregistrement en France, assimilés à ceux passés ou rendus dans les colonies où ces impôts sont établis. »

V. *L.* 30 *juillet* 1913, *art.* 14 ; *L.* 29 *septembre* 1917, *art.* 4.

Loi du 1ᵉʳ août 1924,

Portant : 1° régularisation d'un crédit ouvert par décret au titre du budget général ; 2° ouverture et annulation de crédits, sur l'exercice 1924, au titre du budget général et du budget spécial des dépenses recouvrables en exécution des traités de paix (D. P. 1925. 4ᵉ partie).

. . . .

Art. 20. Sont exempts du droit de timbre spécial des quittances établi par les articles 55 et 56 de la loi du 25 juin 1920, les quittances ou récépissés délivrés par les comptables du Trésor ou des communes pour constater le payement de taxes municipales perçues au moyen de rôles établis par l'Administration des contributions directes.

V. *L.* 23 *août* 1871, *art.* 20 ; *L.* 25 *juin* 1920, *art.* 55 *et* 56.

. . . .

24. Par dérogation à l'article 78 de la loi du 15 mai 1818, sont soumis aux dispositions de l'article 22 de la loi du 11 juin 1859 les marchés passés par les syndicats de communes créés dans les conditions déterminées par la loi du 22 mars 1890 et ayant pour objet exclusif la gestion des services publics de transport par voitures automobiles subventionnés par l'État ou les départements.

V. *L.* 15 *mai* 1818, *art.* 78 ; *L.* 11 *juin* 1859, *art.* 22.

Décret du 16 septembre 1924,

Fixant les conditions d'application des articles 61 à 67 de la loi du 22 mars 1924, instituant diverses mesures de contrôle fiscal en ce qui concerne les valeurs mobilières.

Suspendu, *Décr.* 22 *février* 1925; — puis abrogé avec les art. 61 à 64 et 66 à 68 de la loi du 22 mars 1924, *L.* 13 *juillet* 1925, *art.* 23.

Décret du 31 octobre 1924,

Fixant les conditions d'émission des bons du Trésor à dix ans (D. P. 1925.
4ᵉ partie).

. . . .

Art. 6. Les bons du Trésor émis en vertu du présent décret seront
exempts d'impôt.

Décret du 9 novembre 1924,

*Portant règlement d'administration publique pour l'application de la loi du
16 avril 1924 sur le forfait en matière d'impôt sur le chiffre d'affaires* (D. P.
1925. 4ᵉ partie).

CHAPITRE Iᵉʳ. — DE LA DÉTERMINATION DES REDEVABLES SUSCEPTIBLES
DE BÉNÉFICIER DU RÉGIME DU FORFAIT.

Art. 1ᵉʳ. Le chiffre d'affaires maximum, prévu par les articles 1ᵉʳ,
§ 2, et 5, § 2, de la loi du 16 avril 1924, pour l'admission de certains redevables au régime du forfait, est déterminé en tenant compte de l'ensemble
des affaires faites par le redevable dans tous ses établissements, y compris,
le cas échéant, celles qui seraient exonérées de l'impôt sur le chiffre d'affaires.

Il est fixé à 200 000 francs pour les redevables dont le commerce principal
est de vendre des marchandises, denrées, fournitures et objets à emporter ou consommer sur place ou de fournir le logement, et à 40 000 francs
pour les autres redevables.

2. Sous la réserve que le maximum annuel prévu n'est pas dépassé
pour l'ensemble de l'entreprise, le régime du forfait est applicable :

1° Aux redevables dont l'entreprise comporte soit un établissement
unique, soit plusieurs exploitations, soit enfin, un établissement principal
avec une ou plusieurs succursales, et à condition que l'exploitation ait
une durée d'un an au moins. Ce délai peut être réduit par l'Administration
pour les industries saisonnières ;

2° Aux cessionnaires ou successeurs d'entreprises exploitées par les
cédants ou prédécesseurs pendant toute l'année précédente, mais seulement si les conditions générales d'exploitation n'ont pas été sensiblement
modifiées.

3. Le point de départ de la période de deux années prévue pour la
durée du forfait par le septième alinéa de l'article 5 de la loi du 16 avril
1924 est uniformément fixé au 1ᵉʳ janvier.

CHAPITRE II. — DE L'ÉVALUATION DU FORFAIT PAR L'ADMINISTRATION,
APRÈS ENTENTE AVEC LE REDEVABLE.

4. La demande d'admission au régime du forfait est adressée par le
redevable, à peine de forclusion, avant le 31 janvier, au directeur départe-

mental de l'Administration compétente pour le recouvrement de l'impôt sur le chiffre d'affaires.

Cette demande, rédigée sur papier non timbré, indique :

1° Le nom et le domicile du redevable, la désignation et le siège de l'établissement unique ou principal et, le cas échéant, la désignation et le siège des agences ou succursales ;

2° La nature de l'industrie, du commerce ou des affaires donnant ouverture à l'impôt ;

3° La catégorie de classement de l'établissement, s'il y a lieu ;

4° La somme à laquelle le redevable propose de fixer le chiffre annuel des affaires devant servir de base à l'établissement du forfait, en distinguant, pour chaque nature de profession exercée :

Les affaires passibles en principal de la taxe de 1 pour 100.

Les affaires passibles en principal de la taxe de 3 pour 100.

Les affaires passibles en principal de la taxe de 10 pour 100.

Les affaires exemptes de la taxe sur le chiffre d'affaires.

Si le redevable est passible de l'impôt à raison d'opérations rentrant dans les deux catégories prévues sous les n°s 1 et 2 de l'article 62 de la loi 25 juin 1920, la demande indique distinctement, pour chaque nature de profession exercée, le montant des opérations rentrant dans chacune de ces deux catégories.

La demande est certifiée, datée et signée par le redevable, ou son mandataire spécial, suivant pouvoir régulier produit en même temps que la demande.

5. Si le directeur estime que le redevable ne remplit pas les conditions requises pour être admis au bénéfice du forfait ou que ses évaluations ne sont pas suffisantes, il l'en avise par lettre recommandée avec avis de réception et lui fait connaître les motifs de son opposition ainsi que, s'il y a lieu, les conditions auxquelles le bénéfice du forfait pourrait lui être accordé.

L'intéressé est également avisé qu'un délai de vingt jours à partir de la notification lui est accordé pour présenter ses observations.

Faute par le contribuable de répondre dans le délai de vingt jours, il reste soumis au régime du droit commun.

Si le redevable use de son droit et présente de nouvelles observations par lettre recommandée, le directeur statue et notifie sa nouvelle décision par lettre recommandée avec avis de réception.

En cas de désaccord, le redevable est avisé qu'un délai de vingt jours lui est ouvert pour se pourvoir devant la commission spéciale instituée par l'article 5 de la loi du 16 avril 1924.

V. *L.* 25 *juin* 1920, *art.* 66 *et* 67 ; *L.* 31 *juillet* 1920, *art.* 32 ; *L.* 16 *avril* 1924, *art.* 5.

CHAPITRE III. — DE L'ÉVALUATION DU FORFAIT
PAR LA COMMISSION SPÉCIALE.

6. En cas de désaccord, et si le redevable n'entend pas renoncer au forfait, la demande d'évaluation prévue par le quatrième alinéa de l'article 5

de la loi du 16 avril 1924 est introduite devant la commission spéciale dans le délai prévu à l'article précédent.

La demande est établie sur papier non timbré et contient les nom, prénoms, profession et domicile du redevable ; elle énonce les moyens de celui-ci et indique s'il entend fournir des explications orales : le cas échéant, elle mentionne le nom de son mandataire, qui ne peut être qu'un commerçant patenté de la même profession, ou, si l'affaire concerne une association agricole, un membre du bureau d'un syndicat ou d'une coopérative agricole, ou enfin, et en toute hypothèse, un officier ministériel ou un avocat inscrit à un barreau.

La demande, qui peut soit être déposée au secrétariat, soit être adressée par lettre recommandée, est inscrite sur un registre d'ordre. Il en est délivré récépissé. Ce récépissé est envoyé par lettre recommandée si la demande est parvenue par la poste.

A l'appui de sa demande, le redevable peut déposer ou adresser, dans la quinzaine, au secrétariat de la commission, un mémoire ampliatif sur papier non timbré.

7. La commission, dont la composition est déterminée par le 4e alinéa de l'article 5 de la loi du 16 avril 1924, a son siège dans le département de la Seine, à la direction départementale de l'enregistrement (service de la taxe sur le chiffre d'affaires), et, dans les autres départements, à la direction départementale des contributions indirectes ou, en cas d'impossibilité, dans un local désigné par le préfet.

8. A la demande du ministre du commerce, la ou les chambres de commerce désignent, dans chaque département, pour une durée de cinq ans, six membres, dont trois font partie de la commission en qualité de membres titulaires et trois en qualité de membres suppléants.

Ces désignations seront faites dans les conditions déterminées, d'un commun accord, par les présidents desdites chambres de commerce, sur l'initiative du président de la chambre siégeant au chef-lieu du département, ou, à défaut, du président de la chambre siégeant dans la ville la plus peuplée.

Au cas où, dans un délai de quinze jours à dater de la demande du ministre, les délégués n'auraient pas été ainsi désignés, le ministre fait lui-même la désignation.

Au lieu et place des délégués désignés par les chambres de commerce, pour les affaires concernant soit les syndicats, soit les coopératives agricoles, le président de la chambre départementale d'agriculture désigne, dans chaque département, à la demande du ministre de l'agriculture, six membres choisis parmi les représentants des syndicats et des coopératives agricoles du département. Trois de ces membres font partie de la commission en qualité de membres titulaires et trois en qualité de membres suppléants.

9. Les membres suppléants sont appelés successivement, dans l'ordre de leur désignation, à remplacer les membres titulaires démissionnaires, décédés ou empêchés.

10. Les membres de la commission se réunissent sur la convocation du président.

Les fonctions de secrétaire sont remplies par des agents des administrations financières chargées du recouvrement de l'impôt sur le chiffre d'affaires ; leur désignation est faite, avec l'agrément du président, par les chefs de service intéressés.

Les secrétaires ont voix consultative. Il est dressé procès-verbal de chaque séance et tenu un registre des décisions.

En cas d'empêchement, le président est remplacé par le plus ancien des chefs de service présents.

Le président de la commission désigne un rapporteur pour chaque affaire.

Si la demande en a été faite, la commission entend, dans ses explications, le redevable ou son mandataire, lequel devra être muni d'un pouvoir régulier, s'il n'est pas avocat inscrit à un barreau.

Elle peut se faire communiquer par le redevable, ainsi que par les administrations compétentes, tous renseignements et justifications qui lui paraîtront nécessaires pour déterminer le montant du forfait.

Les décisions sont prises à la majorité des voix. En cas de partage, la voix du président est prépondérante.

La présence de quatre membres au moins est nécessaire à la validité des décisions.

Les décisions mentionnent les noms des membres ayant délibéré ; elles contiennent les noms, prénoms et qualités des parties, leurs conclusions et le visa des pièces principales, elles sont signées par le président, le rapporteur et le secrétaire.

Si la commission estime que le redevable remplit les conditions requises pour être admis au bénéfice du forfait, sa décision fixe :

1° Le chiffre forfaitaire total des affaires devant servir de base au calcul de l'impôt, en distinguant, pour chaque nature de profession exercée par le redevable :

Les affaires passibles en principal de la taxe de 1 pour 100.

Les affaires passibles en principal de la taxe de 3 pour 100.

Les affaires passibles en principal de la taxe de 10 pour 100.

Les affaires exemptes de la taxe sur le chiffre d'affaires ;

2° Le montant total de la taxe sur le chiffre d'affaires à payer à forfait, en distinguant suivant les différents taux d'impôt.

Au cas où le redevable est passible de l'impôt à raison d'opérations rentrant dans les deux catégories prévues dans les n°ˢ 1° et 2° de l'article 62 de la loi du 25 juin 1920, la décision indique distinctement, pour chaque nature de profession exercée, le montant des opérations rentrant dans chacune de ces deux catégories.

Si la commission estime que le redevable ne remplit pas les conditions requises pour être admis au régime du forfait, elle rejette la demande par une décision motivée.

11. Une ampliation de chaque décision, signée par le secrétaire, est notifiée au redevable intéressé, par lettre recommandée, avec accusé de réception.

5 — C. enreg. — Additions.

Les frais de notification sont à la charge de l'Administration compétente pour le recouvrement de l'impôt sur le chiffre d'affaires.

Avis des décisions est également donné au directeur départemental de cette Administration, avec l'indication de la date de la notification faite au redevable.

Mention sommaire de ces formalités est faite, par le secrétaire, en marge de chaque décision.

La décision de la commission est sans appel, sous réserve de la faculté de renoncer au forfait accordée au redevable par l'article 5 de la loi du 16 avril 1924.

12. Dans le cas où, à la date de la réception de la décision admettant le redevable au forfait, une ou plusieurs des échéances d'impôts prévues à l'article 20 du présent décret seraient venues à expiration, ou viendraient à expiration dans un délai de moins de vingt jours, le redevable devra, dans les vingt jours suivant cette notification, acquitter les sommes exigibles sous les sanctions prévues par la loi, et sans préjudice de l'imputation éventuelle, sur le montant du forfait, des sommes qui ont été payées.

CHAPITRE IV. — DE LA RENONCIATION
AU BÉNÉFICE DU FORFAIT.

13. La déclaration de renonciation prévue par le 6e alinéa de l'article 5 de la loi du 16 avril 1924 est formée par le redevable, au moyen d'une lettre recommandée adressée au directeur départemental de l'Administration compétente pour le recouvrement de l'impôt sur le chiffre d'affaires, dans les vingt jours à compter de la réception de l'avis de notification prévu par le 1er alinéa de l'article 11 du présent règlement.

CHAPITRE V. — DÉNONCIATION ET REVISION DU FORFAIT.

14. La dénonciation du forfait par le redevable, prévue par le 7e alinéa de l'article 5 de la loi du 16 avril 1924, est formée, par lettre recommandée adressée au directeur départemental de l'Administration compétente pour le recouvrement de l'impôt sur le chiffre d'affaires, dans les deux derniers mois, soit de la deuxième année de la période de deux ans pour laquelle le forfait a été accordé, soit de chacune des années pour lesquelles il a été renouvelé par tacite reconduction.

Si le redevable renonce au bénéfice du forfait, il se trouve placé, à compter du 1er janvier de l'année suivante, sous le régime du droit commun, pour le payement de l'impôt sur le chiffre d'affaires, sauf règlement de l'échéance afférente au forfait et venant à expiration dans le courant dudit mois de janvier.

Si la dénonciation du forfait a pour objet la réduction du chiffre antérieurement fixé, le contribuable formule, en les motivant, ses nouvelles propositions, qui sont instruites dans les conditions prévues aux articles 5 à 11 du présent décret.

15. La dénonciation du forfait par l'Administration est notifiée, par lettre recommandée, avec accusé de réception, adressée au redevable, par le directeur départemental de l'Administration compétente pour le recouvrement de l'impôt sur le chiffre d'affaires, dans le délai imparti par le 7ᵉ alinéa de l'article 5 de la loi du 16 avril 1924.

La dénonciation du forfait doit être motivée et, au cas où elle aurait pour objet le relèvement du montant du forfait, elle doit indiquer les nouvelles conditions auxquelles il serait accordé, il est alors procédé dans les conditions prévues aux articles 4 et 5 du présent décret.

CHAPITRE VI. — REVISION SPÉCIALE DU FORFAIT EN CE QUI CONCERNE LES REDEVABLES FAISANT LE COMMERCE DES OBJETS DE LUXE.

16. La revision spéciale du forfait prévue par le 8ᵉ alinéa de l'article 5 de la loi du 16 avril 1924, en cas de changement notoire dans la nature ou le mouvement des affaires de vente passibles de la taxe de 10 pour 100, par application des dispositions du paragraphe 2, nº 3, de l'article 63 de la loi du 25 juin 1920, peut être provoquée, soit par le redevable, soit par le directeur de l'Administration compétente, par l'envoi, à peine de déchéance, d'une lettre recommandée, dans les deux mois qui précèdent l'expiration de chaque semestre.

I. — *Revision provoquée par le redevable.*

17. La demande de revision formée par le redevable indique les changements notoires dans la nature et le mouvement des affaires qui la motivent.

Le directeur notifie sa décision au redevable par lettre recommandée, avec accusé de réception.

La décision du directeur peut avoir pour objet :

a) Le rejet de la demande ;

b) L'admission de la demande en tout ou en partie avec, le cas échéant, revision corrélative de la fraction du forfait applicable aux ventes d'objets non classés comme étant de luxe ;

c) Le rehaussement de la fraction du forfait afférente aux ventes d'objets de luxe, avec, le cas échéant, revision corrélative de la fraction du forfait applicable aux ventes d'objets non classés comme étant de luxe ;

d) Le retrait du forfait, dans l'hypothèse prévue par le 1ᵉʳ alinéa de l'article 18 du présent décret.

Dans les deuxième et troisième cas (*b* et *c*), la lettre de notification adressée par le directeur au redevable contient toutes les indications utiles concernant les bases nouvelles de détermination du forfait.

A défaut, soit de pourvoi contre la décision, soit de renonciation au forfait par le redevable, dans les vingt jours qui suivent celui de la réception de la lettre recommandée prévue au 2ᵉ alinéa du présent article, la décision du directeur est définitive à compter du premier jour du semestre qui suit la date de la demande de revision.

En cas de désaccord, le redevable peut introduire devant la commission spéciale une demande de revision, dans les conditions indiquées à l'article 14 du présent décret.

La décision de la commission, comme celle du directeur, ne peut être motivée que par un changement notoire dans la nature ou le mouvement des affaires assujetties à la taxe de 10 pour 100, par application des dispositions du paragraphe 2, n° 3, de l'article 63 de la loi du 25 juin 1920.

Dans le cas où la décision du directeur ou de la commission aboutit à un rehaussement de la fraction du forfait applicable aux ventes d'objets de luxe, le redevable peut, dans le délai de vingt jours qui suit celui de la notification de la décision, déclarer, par une lettre recommandée adressée au directeur, qu'il renonce au bénéfice du forfait.

Il se trouve, alors, placé, à compter du premier jour du semestre qui suit la demande de revision, sous le régime du droit commun, pour le payement de l'impôt sur le chiffre d'affaires, sauf règlement de l'échéance afférente au forfait et venant à expiration dans le courant du premier mois dudit semestre.

II. — Revision provoquée par l'Administration.

18. La demande de revision formée par le directeur peut avoir pour objet soit l'augmentation de la portion du forfait afférente aux affaires de vente passibles de la taxe de 10 pour 100 avec, le cas échéant, revision corrélative de la fraction du forfait applicable aux affaires de ventes d'objets non classés comme étant de luxe, soit le retrait total du forfait, si, du fait de l'accroissement des ventes d'objets classés comme étant de luxe, l'ensemble des affaires effectuées par le redevable dépasse le maximum applicable, suivant ce qui est prévu au 2ᵉ alinéa de l'article 5 de la loi du 16 avril 1924.

Si le directeur procède à un rehaussement de la portion du forfait applicable aux ventes passibles de la taxe de 10 pour 100, la notification en est faite au redevable, avec accusé de réception, conformément à l'article 16 du présent décret.

A défaut soit de pourvoi contre la décision, soit de renonciation au forfait par le redevable, dans les vingt jours qui suivent celui de la réception de la décision du directeur, cette décision devient définitive.

Le redevable se trouve, alors, placé, à compter du premier jour du semestre qui suit la date de la décision, soit sous le régime du nouveau forfait, soit sous le régime du droit commun.

19. Si le redevable n'accepte pas la décision du directeur, il introduit, devant la commission spéciale, une demande d'évaluation, dans les conditions prévues à l'article 14 du présent décret.

Dans le cas où la décision du directeur ou celle de la commission aboutit à un rehaussement de la fraction du forfait applicable aux ventes d'objets de luxe, le redevable a la faculté de renoncer au bénéfice du forfait, dans les conditions prévues par les deux derniers alinéas de l'article 17 ci-dessus.

CHAPITRE VII. — PAYEMENT DE L'IMPOT.

20. Le payement de l'impôt sur le chiffre d'affaires par les redevables admis au régime du forfait sera fait par quart, tous les trois mois, en avril. juillet, octobre et janvier, sauf application des arrêtés pris par les directeurs en exécution de l'article 13 du décret du 24 juillet 1920.

Les redevables dont l'entreprise comporte un ou plusieurs établissements ou succursales payeront, au bureau du receveur dans le ressort duquel se trouve l'établissement principal, le montant total des échéances trimestrielles du forfait fixé tant pour l'établissement principal que pour les autres établissements ou les succursales, par application du 2e alinéa de l'article 2 du présent décret.

21. En cas de cessation d'affaires au cours de la période pour laquelle a été fixé le forfait, le redevable ou ses ayants droit resteront responsables, envers le Trésor, tant de la fraction de ce forfait correspondant au temps couru depuis la dernière échéance jusqu'à la date de cette cessation que, le cas échéant, des pénalités encourues.

CHAPITRE VIII. — DISPOSITIONS PARTICULIÈRES. — CESSION DE FONDS DE COMMERCE AU COURS DE LA PÉRIODE FORFAITAIRE.

22. Les cessionnaires ou successeurs d'entreprises dont les conditions d'exploitation n'auront pas été sensiblement modifiées pourront être substitués, sur leur demande, au bénéfice du forfait, dans les mêmes termes. durée et conditions que ceux accordés à leurs cédants ou prédécesseurs.

La demande prévue au précédent alinéa sera formée, à peine de déchéance, par une lettre recommandée adressée par le cessionnaire ou successeur au directeur départemental de l'Administration compétente, dans les quinze jours de la prise de possession.

A défaut de réponse de l'Administration dans les quinze jours de la réception de la demande, le cessionnaire ou successeur sera substitué au régime du forfait fixé pour le prédécesseur ou cédant.

Les droits dus pour la période trimestrielle en cours au jour de la prise de possession seront payés, en totalité, par le cessionnaire ou successeur, dans les délais réglementaires, sous les sanctions prévues par l'article 68 de la loi du 25 juin 1920, modifié par l'article 14 de la loi du 30 mars 1923.

A défaut de payement par les cessionnaires ou successeurs dans le délai prévu au précédent alinéa, les cédants ou prédécesseurs pourront s'affranchir de toute pénalité, en effectuant, dans les dix jours après l'expiration dudit délai, le versement de la fraction d'échéance connue jusqu'au jour de la prise de possession.

Si le directeur estime que les conditions d'exploitation de l'entreprise ont été sensiblement modifiées, il refuse le bénéfice du forfait au cessionnaire ou successeur, auquel il notifie sa décision dans le délai prévu par le 3e alinéa du présent article.

En ce cas, le cessionnaire ou successeur se trouve placé sous le régime du droit commun pour le payement de l'impôt sur le chiffre d'affaires, à compter du jour de la prise de possession.

23. L'article 19 du décret du 24 juillet 1920 est abrogé.

Loi du 21 novembre 1924,

Concernant l'émission d'un emprunt 7 pour 100 aux Etats-Unis
(D. P. 1925. 4ᵉ partie).

Art. 1ᵉʳ. Le ministre des finances est autorisé à émettre aux Etats-Unis au mieux des intérêts du Trésor et à concurrence de 100 millions de dollars des obligations 7 pour 100 amortissables.

2. Les obligations, coupons, primes de remboursement sont exempts de toutes taxes, impôts, droits de timbre et contributions qui sont ou seront établis par l'Etat français, par les départements ou les communes.

Décret du 28 novembre 1924,

Modifiant le décret du 14 mars 1922 relatif à l'émission d'emprunts français à l'étranger (D. P. 1925. 4ᵉ partie).

Art. 1ᵉʳ. L'article 4 du décret du 14 mars 1922 est abrogé et remplacé par les dispositions suivantes :

« Les titres émis à l'étranger porteront uniformément la mention suivante :

« La présente obligation est soumise, en France, au régime fiscal des valeurs mobilières étrangères non abonnées, défini par les articles 34 à 39 de la loi du 29 mars 1914 et le décret du 21 juin 1914.

« Lorsque le payement des coupons et le remboursement de cette obligation auront lieu hors de France, l'établissement payeur n'aura aucune retenue à opérer pour impôts français, présents ou futurs. »

V. *Décr. 14 mars 1922, art. 4.*

Loi du 19 décembre 1924,

Etendant aux associations d'étudiants reconnues d'utilité publique le régime fiscal dont bénéficient les sociétés de secours mutuels et de bienfaisance (D. P. 1925. 4ᵉ partie).

Article unique. A dater du 1ᵉʳ octobre 1923, les associations d'étudiants reconnues d'utilité publique sont, au point de vue fiscal, assimilées aux sociétés de secours mutuels et de bienfaisance.

V. *L. 1ᵉʳ avril 1898, art. 13 et 19.*

Loi du 24 décembre 1924,

Tendant à assurer dans des conditions plus favorables l'approvisionnement en blé, en farine et en pain (**D. P.** 1925. 4e partie).

. . . .

Art. 3. A partir de la promulgation de la présente loi, seront exemptées de l'impôt sur le chiffre d'affaires, institué par les articles 59 et 72 de la loi du 25 juin 1920, les affaires de vente, de commission, d'importation ou de courtage portant exclusivement sur les grains de blés tendres et de seigles destinés à la fabrication du pain.

V. *L. 25 juin 1920, art. 59 et 72.*

Loi du 31 décembre 1924,

Portant : 1° ouverture, sur l'exercice 1925, de crédits provisoires applicables aux mois de janvier et février 1925 ; 2° autorisation de percevoir, pendant les mêmes mois, les impôts et revenus publics (**D. P.** 1925. 4e partie).

. . . .

Art. 8. Toute quittance de sommes réglées par voie de chèque tiré sur un banquier, un agent de change, le caissier payeur central du Trésor public, un trésorier général, un receveur particulier des finances ou un percepteur, ou par voie de chèque postal, ou par virement en banque, ou par virement postal, est exempte du droit de timbre de quittance, à la condition de mentionner :

Si le règlement a lieu par chèque, la date et le numéro du chèque, ainsi que le nom du tiré, ou le numéro du compte postal, et l'indication du bureau de chèques postaux qui tient ce compte ;

Si le règlement a lieu par virement en banque, la date de l'ordre de virement, la date de son exécution et la désignation des banques qui ont concouru à l'opération, et, si le règlement a lieu par virement postal, la date et le numéro du chèque de virement, le numéro du compte postal débité et la date du débit et l'indication du bureau de chèques postaux qui tient ce compte.

Toute contravention aux dispositions qui précèdent est punie du double de l'amende édictée par l'article 23 de la loi du 23 août 1871, sans préjudice, s'il y a lieu, des peines portées à l'article 112 de la loi du 25 juin 1920.

V. *L. 23 août 1871, art. 18 ; L. 22 mars 1924, art. 8.*

Décret du 10 janvier 1925,

Rendant applicables dans les départements du Haut-Rhin, du Bas-Rhin et de la Moselle certaines dispositions de la loi du 22 mars 1924, ayant pour objet la réalisation d'économies, la création de ressources fiscales et diverses mesures d'ordre financier (**D. P.** 1925. 4e partie).

Art. 1er. Sont déclarées applicables aux départements du Bas-Rhin, du Haut-Rhin et de la Moselle, les dispositions des articles 8, 18, 28, 29, 30, 31, 32, 44, 51, 53 et 54 de la loi du 22 mars 1924.

Décret du 22 février 1925,

Suspendant l'application du décret du 16 septembre 1924 fixant les conditions d'application des articles 61 à 67 de la loi du 22 mars 1924 instituant diverses mesures de contrôle fiscal en ce qui concerne les valeurs mobilières (D. P. 1925. 4ᵉ partie).

Art. 1ᵉʳ. L'application du décret du 16 septembre 1924 est suspendue.

Loi du 28 février 1925,

Portant ouverture de crédits sur l'exercice 1925 au titre du budget général (D. P. 1925. 4ᵉ partie).

. . . .

Art. 6. Le ministre des finances est autorisé à créer des chèques-contributions exempts d'impôts pour assurer le recouvrement anticipé des impôts et taxes compris dans les rôles postérieurs au 31 janvier 1925 et énumérés ci-après : impôt général sur le revenu, impôts cédulaires et contributions directes (centimes compris), taxes assimilées à l'exception de la contribution extraordinaire sur les bénéfices de guerre.

Loi du 7 mars 1925,

Tendant à instituer des sociétés à responsabilité limitée (D. P. 1925, 4ᵉ partie).

. . . .

Art. 42. L'impôt sur le revenu des capitaux mobiliers édicté par l'article 1ᵉʳ de la loi du 29 juin 1872 et l'article 31 de la loi du 29 mars 1914 et par l'article 50 de la loi du 25 juin 1920 ne s'applique pas, dans les sociétés prévues par la présente loi, aux dividendes, intérêts, arrérages et autres produits revenant aux gérants prévus à l'article 24 de la présente loi.

V. *L. 29 juin 1872, art. 1ᵉʳ, et les annotations.*

Ces sociétés sont assujetties aux communications prescrites par les articles 16 et 28 de la loi du 4 juin 1850, 22 de la loi du 23 août 1871 et 7 de la loi du 21 juin 1875, sous les sanctions édictées tant par ces lois que par l'article 5 de la loi du 17 avril 1906.

V. *L. 21 juin 1875 art. 7, et les annotations.*

Décret du 11 mars 1925,

Fixant les conditions d'émission et d'application des chèques-contributions dont la création a été autorisée par l'article 6 de la loi du 28 février 1925 (D. P. 1925. 4ᵉ partie).

. . . .

Art. 6. Les chèques-contributions seront exempts du droit de timbre. La bonification constituée par la différence entre la valeur nominale desdits chèques et leur prix d'acquisition sera exempte d'impôt et n'entrera pas en ligne de compte pour la détermination des sommes passibles de l'impôt général sur le revenu.

Décret du 23 mai 1925,

Relatif aux opérations de recouvrement de l'impôt sur le chiffre d'affaires
(D. P. 1925. 4e partie).

Art. 1er. L'article 1er du décret portant règlement d'administration publique du 24 juillet 1920 est remplacé par les dispositions suivantes :

ART. 1er. — La déclaration à laquelle est assujettie toute personne redevable de l'impôt sur le chiffre d'affaires en vertu de l'article 59 de la loi du 25 juin 1920 et qui n'est pas inscrite au rôle de l'impôt sur les bénéfices industriels et commerciaux doit être souscrite, savoir :

1º Au bureau du receveur des contributions indirectes dans le ressort duquel elles exercent leur profession ou leur commerce, pour toutes les personnes ou sociétés autres que celles visées sous les nos 2 et 3 ci-dessous ;

2º Au bureau du receveur des douanes dans le ressort duquel ils exercent leur profession ou leur commerce pour les transitaires ou commissionnaires en douane ;

3º Au bureau du receveur de l'enregistrement dans le ressort duquel elles opèrent pour toutes les personnes exerçant, à titre principal, les professions de banquier, changeur, escompteur, agent de change, remisier, coulissier, assureurs, courtiers d'assurances, courtiers maritimes et toutes autres professions se rapportant au commerce des valeurs et de l'argent.

DISPOSITIONS TRANSITOIRES.

2. Pour les redevables déjà soumis à l'impôt sur le chiffre d'affaires à la date de la publication du présent décret, celui-ci entrera en vigueur à la date du 1er juillet 1925.

Toutefois, dans les départements où les nécessités du service l'exigeraient, des arrêtés ministériels pourront reporter cette date jusqu'au 1er janvier 1926.

V. *Décr. 24 juillet 1920, art.* 1er.

Loi du 27 juin 1925,

Pour parer aux difficultés de la Trésorerie et alléger la dette flottante
(D. P. 1925. 4º partie).

. . . .

Art. 3. Le ministre des finances est autorisé à émettre un emprunt réservé aux seuls porteurs de bons de la Défense nationale.

Le taux et les modalités de cet emprunt aux arrérages duquel sera accordé une garantie de change et pourront être impartis les privilèges concédés aux bons de la Défense nationale par la loi du 13 mars 1924, seront fixés par décret.

. . . .

5. Sont exemptés :

1º Du droit de timbre spécial des quittances établi par les articles 18 de la loi du 23 août 1871, 28 de la loi du 15 juillet 1914 et 55 de la loi du 25 juin 1920, les quittances, reçus ou décharges de sommes ou titres exclusivement relatifs aux opérations d'émission visées à l'article 3 ;

2º Du droit de timbre des affiches établi par l'article 7 de la loi du 22 mars 1924, les affiches ayant exclusivement pour objet de faire appel au public en vue de l'émission ou de la mise en souscription des titres.

Les commissions allouées aux intermédiaires pour le placement des titres dudit emprunt ne seront pas comprises dans le montant servant de base au calcul de la taxe sur le chiffre d'affaires instituée par la loi du 25 juin 1920.

Décret du 9 juillet 1925,

Relatif à la création d'un modèle unique de timbre mobile pour l'acquittement de différents droits (**D. P.** 1925. 4ᵉ partie).

Art. 1ᵉʳ. Il est créé un modèle unique de timbre mobile en remplacement des différents modèles servant à l'acquittement :

1º Des droits de timbre proportionnel, pour effets négociables et non négociables ;

2º Des droits de timbre des actes d'avances sur titres ;

3º Des droits de timbre des papiers destinés aux affiches ;

4º Des droits de timbre des quittances, reçus ou décharges de sommes, titres, valeurs ou objets ;

5º Des droits de timbre sur les bulletins de bagages ;

6º Des droits de timbre des chèques tirés hors de France ;

7º Des droits de timbre des ordres de virements ;

8º Des droits de timbre des lettres de voiture ;

9º Des récépissés des expéditions faites par chemin de fer et venant de l'étranger ;

10º Des droits de timbre des récépissés ou lettres de voiture concernant les recouvrements effectués par les entrepreneurs de transports à titre de remboursement des objets transportés ;

11º Des droits de timbre des colis postaux venant de l'extérieur ;

12º Des droits de timbre sur les cartes d'entrée dans les cercles ou casinos ;

13º De l'impôt sur le revenu des titres ou valeurs mobilières étrangères ;

14º De l'impôt sur le revenu des créances, dépôts et cautionnements ;

15º De la taxe sur les payements des prix de vente d'objets de luxe entre non-commerçants.

2. La série du timbre fiscal unique, imprimé sur des vignettes conformes aux modèles annexés, comprendra des timbres de 0 fr. 01, 0 fr. 02, 0 fr. 03, 0 fr. 04, 0 fr. 05, 0 fr. 10, 0 fr. 15, 0 fr. 20, 0 fr. 25, 0fr.30, 0 fr. 35, 0 fr. 40, 0 fr. 45, 0 fr. 50, 0 fr. 60, 0 fr. 70, 0 fr. 80, 0 fr. 90, 1 franc, 2 francs, 3 francs, 4 francs, 5 francs, 6 francs, 7 francs, 8 francs, 9 francs, 10 francs, 15 francs, 20 francs, 25 francs, 30 francs, 40 francs, 50 francs, 100 francs, 200 francs, 300 francs, 400 francs, 500 francs et 1 000 francs.

3. Le payement du droit de timbre pourra être constaté au moyen de l'apposition d'un ou de plusieurs des timbres mobiles créés par le présent décret.

4. L'oblitération de ces timbres sera faite dans les mêmes formes que précédemment, selon la nature de l'écrit ou de l'impôt.

5. Pour le timbrage à l'extraordinaire des papiers pour lesquels le timbre unique peut être utilisé, il est créé des types d'empreinte, conformes aux modèles ci-joints, aux quotités ci-après : 0 fr. 10, 0 fr. 15, 0 fr. 20, 0 fr. 25, 0 fr. 30, 0 fr. 35, 0 fr. 40, 0 fr. 42, 0 fr. 45, 0 fr. 50, 0 fr. 60, 0 fr. 70, 0 fr. 80, 0 fr. 90, 1 franc, 1 fr. 20, 1 fr. 50, 1 fr. 80, 2 francs, 2 fr. 10, 2 fr. 40, 2 fr. 70, 3 francs, 4 francs, 5 francs, 6 francs, 7 francs, 8 francs, 9 francs, 10 francs, 15 francs, 20 francs, 25 francs, 30 francs, 40 francs, 50 francs et 100 francs.

6. La couleur des timbres mobiles créés par le présent décret peut être changée ou modifiée par décision du ministre des finances.

7. Les timbres mobiles des anciens types auxquels il est substitué un modèle unique pourront être provisoirement utilisés, sans distinction de catégorie, pour tous les droits et taxes visés à l'article 1er du présent décret, pourvu que la valeur indiquée sur les timbres apposés corresponde au montant de l'impôt exigible.

De même les types de timbrage à l'extraordinaire aux anciens modèles serviront jusqu'à ce que les ateliers de timbrage à l'extraordinaire aient été approvisionnés des types de timbrage au nouveau modèle.

8. Dans les cas prévus aux deux articles précédents, le ministre des finances est autorisé à fixer une date au delà de laquelle les timbres retirés de la circulation ne peuvent plus être utilisés. Dans cette éventualité, les anciennes vignettes devraient être échangées par les détenteurs avant cette date.

9. L'Administration de l'enregistrement, des domaines et du timbre fera déposer aux greffes des cours et tribunaux des modèles de chacun des nouveaux timbres mobiles et des spécimens de chacune des empreintes des nouveaux types de timbrage.

Il sera dressé sans frais procès-verbal de ce dépôt.

V. *L.* 13 *brumaire an VII, et les annotations.*

Loi du 13 juillet 1925,

Portant fixation du budget général de l'exercice 1925
(D. P. 1925. 4e partie).

. . . .

Art. 23. Les articles 61 à 64 et 66 à 68 de la loi du 22 mars 1924 sont abrogés.

. . . .

Enregistrement et timbre.

34. Toute cession d'un droit à un bail ou du bénéfice d'une promesse de bail portant sur tout ou partie d'un immeuble, quelle que soit la forme qui lui est donnée par les parties, qu'elle soit qualifiée cession de pas de porte, indemnité de départ ou autrement, est soumise à un droit d'enregistrement de 10 francs par 100 francs avec addition des deux décimes institués par l'article 3 de la loi du 22 mars 1924. Ce droit est perçu sur le montant de la somme ou indemnité stipulée par le cédant à son profit. Il est indépendant de celui qui peut être dû pour la mutation de jouissance des biens loués.

35. Les actes de cession établis en la forme sous seings privés doivent être enregistrés au bureau de la situation des biens dans le délai fixé par l'article 12 de la loi du 29 juin 1918.

Les dispositions de l'article 22 de la loi du 11 juin 1859 ne leur sont pas applicables.

A défaut d'acte constatant la cession, le droit est perçu sur une déclaration faite au bureau de l'enregistrement de la situation des biens, dans les trois mois de l'entrée en jouissance des biens loués.

A défaut de payement du droit dans les délais ci-dessus fixés, l'ancien et le nouveau locataires sont tenus chacun, personnellement et sans recours, nonobstant toute stipulation contraire, d'un droit en sus qui ne pourra pas être inférieur à 100 francs en principal.

36. Sont applicables aux contrats définis à l'article 19 les dispositions des articles 12 et 13 de la loi du 23 août 1871, 7 de la loi du 27 février 1912, 7, 8, 9, 10 et 14 de la loi du 18 avril 1918, concernant les dissimulations de prix.

L'insuffisance du prix de la cession peut être constatée par expertise, dans l'année de l'enregistrement de l'acte ou de la déclaration et dans les formes et sous les sanctions prévues par les articles 57 à 61 de la présente loi.

V. *L.* 23 *août* 1871, *art.* 12 *et* 13 ; *L.* 27 *février* 1912, *art.* 7 ; *L.* 18 *avril* 1918, *art.* 7 *à* 10 *et* 14.

37. Le huitième alinéa de l'article 11 de la loi du 23 août 1871 est ainsi modifié :

« Le droit sera exigible lors de l'enregistrement ou de la déclaration. Toutefois, si le bail est de plus de trois ans et si les parties le requièrent, le montant du droit pourra être fractionné en autant de payements égaux qu'il y aura de périodes triennales dans la durée du bail. Le payement des droits afférents à la première période sera seul acquitté lors de l'enregistrement ou de la déclaration, et celui des périodes subséquentes aura lieu dans les trois mois du commencement de la nouvelle période à la diligence du locataire et du propriétaire, à peine pour chacun d'eux d'un droit en sus égal au droit simple.

« Cette disposition ne sera applicable qu'à l'expiration des trois mois qui suivront la promulgation de la présente loi.

« Tout acte portant sous-bail, subrogation, cession ou rétrocession de bail devra, à peine d'une amende de 50 francs en principal, contenir la reproduction littérale de la mention d'enregistrement du bail cédé en totalité ou en partie. »

V. *L. 28 août* 1871, *art.* 11.

38. Le droit d'enregistrement auquel sont soumis, en vertu des articles 7 de la loi du 25 juin 1841 et 10 de la loi du 30 juillet 1913, les traités ou conventions ayant pour objet la transmission à titre onéreux d'un office, est perçu, sans addition d'aucun décime, pour chacune des fractions du prix, augmenté des charges, suivant les tarifs ci-après :

De 1 à 2 000 francs, 3 pour 100.

De 2 001 à 5 000 francs, 4,50 pour 100.

De 5 001 à 50 000 francs, 6 pour 100.

De 50 001 à 100 000 francs, 7,50 pour 100.

De 100 001 à 200 000 francs, 9 pour 100.

Au-dessus de 200 000 francs, 10,50 pour 100.

Lorsque la transmission de l'office sera réalisée par voie de mutation gratuite entre vifs ou par décès, les dispositions de l'article 10 de la loi du 30 juillet 1913 resteront applicables.

Sont maintenues les dispositions prévues par l'article 10 de la loi du 30 juillet 1913 concernant les créations nouvelles de charges ou les nominations de nouveaux titulaires sans présentation, ainsi que toutes les dispositions de la loi du 25 juin 1841 et de l'article 10 de la loi du 30 juillet 1913 qui ne sont pas contraires au présent article.

V. *L.* 25 *juin* 1841, *art.* 7 ; *L.* 30 *juillet* 1913, *art.* 10.

39. Sera considérée comme commerçante soumise à l'impôt sur le chiffre d'affaires et à l'impôt sur les bénéfices industriels et commerciaux toute personne ou société se livrant à des opérations d'intermédiaire pour l'achat ou la vente des immeubles ou des fonds de commerce ou qui, habituellement, achète en son nom les mêmes biens dont elle devient propriétaire en vue de les revendre. Elle devra :

1° En faire la déclaration dans le délai d'un mois à compter de la promulgation de la présente loi ou du commencement des opérations ci-dessus visées au bureau de l'enregistrement de sa résidence et, s'il y a lieu, à chacune de ses succursales ou agences ;

2° Tenir deux répertoires à colonnes non sujets au timbre, dont la forme sera déterminée par décret, présentant jour par jour, sans blanc ni interligne, et par ordre de numéros, tous les mandats, promesses de vente, actes translatifs de propriété et, d'une manière générale, tous actes se rattachant à sa profession d'intermédiaire. ou à sa qualité de propriétaire ; l'un des répertoires sera affecté aux opérations d'intermédiaire, l'autre aux opérations effectuées en qualité de propriétaire ;

V. *Décr.* 11 *août* 1925.

3° Se conformer, pour l'exercice du droit de communication des agents de l'Administration de l'enregistrement et des contributions directes, aux dispositions des articles 22 de la loi du 23 août 1871, 7 de la loi du 21 juin 1875 et 5 de la loi du 17 avril 1906, sous les sanctions édictées par ces textes.

Tous les actes visés ci-dessus sont assujettis à l'enregistrement dans un délai de dix jours de leur date ; il n'est pas dérogé aux dispositions de l'article 20 de la loi du 22 frimaire an VII pour le cas où ces actes auraient été rédigés par acte public.

Ils sont soumis au tarif édicté par la loi fiscale.

Toutefois, pour toute personne qui aura déclaré dans l'acte de vente qu'elle achète l'immeuble en vue de le revendre, le droit sera porté à 12 pour 100 (plus les décimes). Mais, dans ce cas, l'acte de revente ne donnera ouverture qu'à la moitié du droit ordinaire si cet acte est passé dans le délai d'un an.

En outre, le premier acquéreur qui aura acquitté le droit de 12 pour 100 (plus les décimes) aura un recours contre le second acquéreur en vue de se faire rembourser la moitié de ce droit.

V. *L.* 25 *juin* 1920, *art.* 25, 2ᵉ *al.*

Toute infraction aux dispositions ci-dessus est punie d'une amende de 1 000 francs à 10 000 francs.

En outre, à défaut d'enregistrement des actes dans le délai indiqué au présent article, il sera perçu un droit en sus avec un minimum de perception de 50 francs en principal.

Les dispositions du 2ᵉ alinéa de l'article 25 de la loi du 25 juin 1920 sont abrogées en ce qu'elles ont de contraire aux présentes dispositions.

V. *L.* 25 *juin* 1920, *art.* 59.

40. Le droit de 1 pour 100 édicté par l'article 15 de la loi du 29 juin 1918 pour les actes de formation et de prorogation de sociétés désignées à l'article 1ᵉʳ, n° 1, de la loi du 28 février 1872, est porté à 2,50 pour 100 en principal.

Toutefois, le droit reste maintenu à 1 pour 100 en principal pour les actes de fusion de sociétés déjà existantes, pourvu que la durée de la société provenant de cette fusion ne dépasse pas le nombre d'années durant lesquelles devait encore exister celle des sociétés fusionnées dont le terme était le moins éloigné.

V. *L.* 28 *février* 1872, *art.* 1ᵉʳ ; *L.* 28 *avril* 1893, *art.* 19 ; *L.* 29 *juin* 1918, *art.* 15.

41. Est porté à 10 pour 100, avec addition des deux décimes institués par l'article 3 de la loi du 22 mars 1924, le droit établi par l'article 25,

3ᵉ alin., de la loi du 25 juin 1920 sur les parts et portions indivises de biens immeubles acquises par licitation et sur les retours de partage de biens immeubles.

Mais la formalité de la transcription au bureau de la conservation des hypothèques ne donnera lieu à aucun droit proportionnel autre que la taxe établie par la loi du 27 juillet 1900.

L'article 54 de la loi du 28 avril 1816 est abrogé en ce qu'il a de contraire aux dispositions qui précèdent.

V. *L. 22 frimaire an VII, art. 69, § 7, nᵒˢ 4 et 5 ; L. 28 avril 1816, art. 54 ; L. 25 juin 1920, art. 25.*

42. Pour toute vente d'immeubles dont le prix excède 300 000 francs, le droit de mutation à titre onéreux est majoré d'une surtaxe calculée comme suit :

1 pour 100 en principal sur la partie du prix qui excède 300 000 francs ;

2 pour 100 en principal sur la partie du prix qui excède 500 000 francs.

La surtaxe est assise et perçue dans les mêmes conditions que le droit de mutation.

Pour toute cession à titre onéreux de fonds de commerce ou de clientèle, lorsque la valeur imposable est supérieure à 300 000 francs, le droit d'enregistrement est majoré d'une surtaxe calculée comme suit :

1 pour 100 en principal sur la portion de cette valeur qui excède 300 000 francs ;

2 pour 100 en principal sur la portion de cette valeur qui excède 500 000 francs ;

Toutefois, les surtaxes instituées par le présent article ne sont pas applicables aux ventes faites sous l'une des formes ci-après :

Vente sur saisie immobilière et sur conversion de saisie immobilière ;

Vente de biens dépendant d'une faillite ;

Vente ou licitation de biens de mineurs, d'absents ou d'interdits ;

Vente ou licitation en vue de partage de biens provenant de successions ;

Vente de biens de successions vacantes ou de successions bénéficiaires ;

Vente de biens dotaux dans les cas prévus par l'article 1558 du Code civil.

V. *L. 22 frimaire an VII, art. 69, § 7, nᵒ 1 ; L. 28 avril 1816, art. 52 ; L. 28 février 1872, art. 7 ; L. 22 avril 1905, art. 2 ; L. 25 juin 1920, art. 24 et 25.*

43. Le droit d'enregistrement fixé à 5 pour 100 par l'article 24 de la loi du 25 juin 1920 est porté à 5,50 pour 100 en principal.

Ventes de meubles, baux de biens meubles à vie ou à durée illimitée, déclarations de command, licitations et soultes de partages de biens meubles, échanges de meubles, cessions de fonds de commerce, V. *L. 25 juin 1920, art. 24.*

44. Lorsqu'il est amiablement reconnu ou judiciairement établi que le véritable caractère des stipulations d'un contrat ou d'une convention a été dissimulé sous l'apparence de stipulation donnant ouverture à des droits moins élevés, il est dû un double droit en sus. Cette pénalité est due solidairement par toutes les parties contractantes.

45. Est réputé au point de vue fiscal faire partie, jusqu'à preuve contraire, de la succession de l'usufruitier toute valeur mobilière, tout bien meuble ou immeuble appartenant, pour l'usufruit, au défunt, et, pour la nue propriété, à l'un de ses présomptifs héritiers ou descendants d'eux, même exclu par testament, ou à ses donataires ou légataires institués, même par testament postérieur, ou à des personnes interposées, à moins qu'il y ait eu donation régulière. Sont réputées personnes interposées les personnes désignées dans les articles 911, 2ᵉ alinéa, et 1100 du Code civil.

Toute réclamation de ce chef sera prescrite dans un délai de cinq ans à compter de l'ouverture de la succession.

46. Le 1ᵉʳ alinéa de l'article 17 de la loi du 18 avril 1918 est remplacé par les dispositions suivantes :

« Sont présumés, jusqu'à preuve contraire, faire partie de la succession, pour la liquidation et le payement des droits de mutation par décès, les titres et les valeurs dont le défunt a perçu les revenus moins d'un an avant son décès et dont les héritiers, donataires ou légataires universels ou à titre universel du défunt sont ultérieurement reconnus être en possession. »

V. *L.* 18 *avril* 1918, *art.* 17.

47. Est porté à 5 pour 100 en principal le droit prévu à l'article 24 de la loi du 31 décembre 1921, relatif aux grosses au porteur.

V. *L.* 31 *décembre* 1921, *art.* 24.

48. Le notaire qui dresse un inventaire après décès est tenu, avant la clôture, d'affirmer qu'au cours des opérations, il n'a constaté l'existence d'aucune valeur ou créance autres que celles portées dans l'acte, ni d'aucun compte de banque étrangère, et qu'il n'a découvert aucune trace de l'existence à l'étranger, soit d'un compte individuel de dépôt de fonds ou de titres, soit d'un compte indivis ou collectif avec solidarité.

L'officier public qui aura sciemment contrevenu aux dispositions qui précèdent ou souscrit une affirmation incomplète ou inexacte sera passible, sans préjudice des sanctions disciplinaires, d'une amende, en principal, de mille à vingt mille francs (1 000 à 20 000 fr.).

49. L'article 471 du Code de procédure civile est modifié comme suit :

« L'appelant qui succombe sera condamné à une amende de 15 francs s'il s'agit du jugement d'un juge de paix et de 25 francs sur l'appel d'un jugement du tribunal de première instance ou de commerce.

« L'amende sera perçue en même temps que les droits d'enregistrement du jugement ou de l'arrêt. »

50. Si une succession comprend des créances à terme, nominatives, dues en vertu d'actes notariés et venant à échéance plus de cinq ans après l'ouverture de la succession, le payement des droits de mutation par décès, à l'exclusion de la taxe successorale, peut, à concurrence de la part proportionnelle au montant de ces créances, et si les parties le requièrent, être différé jusqu'à la date des échéances, sans que le payement pour solde puisse être retardé au delà de trente ans.

A défaut de payement aux échéances, les droits différés portent intérêt au taux fixé par la loi.

Les parties sont dispensées de constituer une garantie; mais le Trésor conserve, indépendamment du privilège conféré par l'article 32 de la loi du 22 frimaire an VII, le privilège sur les immeubles qui a été institué par le 5e alinéa de l'article 7 de la loi du 13 juillet 1911. En outre, en cas de négociation totale ou partielle de la créance, le solde des droits dont le payement a été différé est immédiatement exigible sur le montant total de la créance.

La présente disposition est applicable aux successions ouvertes avant la promulgation de la présente loi, à charge pour les ayants droit d'en demander le bénéfice dans un délai de deux mois.

51. En cas de renonciation à une succession, à un legs ou à une donation, le droit de mutation par décès exigible sur les biens qui, par l'effet de la renonciation, adviennent aux héritiers, donataires ou légataires acceptants, ne peut pas être inférieur à celui qui aurait été dû par le renonçant, s'il avait accepté.

Les tarifs édictés par les articles 19 de la loi du 25 février 1901, 16 de la loi du 31 décembre 1917 et 33 de la loi du 25 juin 1920, seront seuls applicables aux biens qui, par suite de renonciation, reviendront aux départements, communes et autres collectivités bénéficiant desdits tarifs pour les legs leur profitant personnellement et leur conférant le droit à l'accroissement.

Les dispositions ci-dessus sont applicables aux successions ouvertes antérieurement à la présente loi, dès lors que la renonciation motivant l'exigibilité du droit a eu lieu postérieurement.

Elles ne sont pas applicables aux héritiers en ligne directe.

52. Dans tous les cas où une succession ouverte en France et régie par la loi française comprend des biens mobiliers ou immobiliers de quelque nature que ce soit, déposés ou existant à l'étranger, un envoi en possession spécial de ces biens devra être prononcé sur requête par une ordonnance du président du tribunal de première instance dans le ressort duquel la succession est ouverte.

Cette ordonnance devra contenir l'énumération de tous les biens mobiliers ou immobiliers dont se composent les éléments ainsi décrits du patrimoine transmis.

Le serment sera déféré sur la sincérité de l'énumération.

L'ordonnance sera visée pour timbre et enregistrée gratis.

Cette ordonnance ne sera pas nécessaire si le jugement d'envoi en possession rendu au profit du conjoint survivant en vertu de l'article 770 du Code civil contient l'énumération ci-dessus requise. Il en sera de même dans le cas où une ordonnance rendue conformément à l'article 1008 du Code civil satisfait aux mêmes prescriptions. Les dispositions de l'article 5 de la loi du 28 décembre 1895 ne s'appliquent pas aux énonciations de valeurs mobilières étrangères faites dans l'ordonnance ou le jugement prononçant l'envoi en possession de ces valeurs.

53. Les héritiers, donataires ou légataires qui, sciemment, n'auront pas déclaré, dans les délais prescrits par les lois en vigueur, les biens mobiliers ou immobiliers déposés ou existant à l'étranger, et qui en auront pris possession sans s'être conformés aux dispositions de l'article précédent, seront passibles des sanctions édictées par l'article 21 de la présente loi, sans préjudice des droits de succession sur l'ensemble.

54. Les débiteurs, détenteurs ou dépositaires, à quelque titre que ce soit, des valeurs successorales ci-dessus visées, ne pourront, sous peine des sanctions prévues à l'article précédent, en faire la remise aux héritiers, légataires ou donataires, soit directement entre leurs mains, soit indirectement par les mains de tierces personnes, qu'après que l'envoi en possession aura été prononcé dans les conditions prévues à l'article 52.

55. Dans les inventaires et dans les actes de notoriété destinés à établir les qualités des ayants droit à une succession, mention devra être faite de l'obligation qui incombe à ceux-ci d'obtenir l'envoi en possession spécial prévu à l'article 52 de la présente loi pour justifier de leurs qualités et se faire remettre les valeurs successorales visées audit article.

Il ne pourra être délivré aucun extrait desdits actes sans que cette mention y soit reproduite. Tout officier public ou ministériel qui aura contrevenu aux dispositions du présent article sera passible personnellement d'une amende de 500 francs en principal.

56. Les contraventions aux articles 52 et 53 de la présente loi donneront ouverture contre les tiers détenteurs, dépositaires ou débiteurs, à une action en responsabilité au profit de tout intéressé.

57. Le droit d'expertise accordé à l'Administration de l'enregistrement par la loi du 22 frimaire an VII et les lois subséquentes est étendu à tous les actes ou déclarations constatant, soit une mutation à titre onéreux ou à titre gratuit ou un échange de biens immeubles, de fonds de commerce, de navires ou de bateaux, soit l'énonciation de biens de même nature accompagnée d'une déclaration estimative pour l'assiette du droit proportionnel.

V. L. 22 *frimaire an VII, art.* 17 *et suiv., et les annotations.*

58. Lorsque l'accord sur l'estimation ne s'est pas fait à l'amiable, la demande en expertise est faite par simple requête au tribunal civil dans le ressort duquel les biens sont situés, ou immatriculés, s'il s'agit de navires ou de bateaux.

V. L. 22 *frimaire an VII, art.* 18.

Cette requête est présentée dans les deux ans, à compter du jour de l'enregistrement de l'acte ou de la déclaration. Le délai est réduit à six mois en matière de vente de fonds de commerce.

V. L. 28 *février* 1872, *art.* 8, 4ᵉ *al.; L.* 18 *avril* 1918, *art.* 15.

59. L'expertise est ordonnée dans le mois de la demande et il y est procédé par un seul expert, qui est nommé par le tribunal statuant en chambre du conseil.

Si l'Administration ou les parties n'acceptent pas les conclusions de l'expert, il peut être procédé à une contre-expertise. La demande en est faite par la partie la plus diligente et par simple requête au tribunal civil, notifiée à la partie adverse, sous peine de déchéance, dans le mois qui suit la notification que fera le greffier, par lettre recommandée, du dépôt du rapport d'expertise au greffe du tribunal.

La contre-expertise est ordonnée dans les mêmes conditions et suivant les mêmes formes que la première expertise : toutefois, si l'une des parties le requiert expressément, cette contre-expertise sera confiée à trois experts.

Le procès-verbal d'expertise ou de contre-expertise est rapporté au plus tard dans les trois mois qui suivent la remise à l'expert de la décision de justice.

Il sera statué sur l'expertise ou la contre-expertise par le tribunal jugeant en matière sommaire.

V. *L. 22 frimaire an VII, art. 18 ; L. 27 février 1912, art. 5.*

60. Si l'expertise révèle une insuffisance et si cette insuffisance est égale ou supérieure au huitième du prix exprimé ou de la valeur déclarée, les parties acquittent solidairement, savoir :

1° Le droit simple sur le complément d'estimation ;

2° Un droit en sus, si l'insuffisance est reconnue amiablement avant le dépôt, au greffe du tribunal, du rapport de l'expert, et un double droit en sus dans le cas contraire ;

3° Les frais de l'expertise.

Aucune pénalité n'est encourue et les frais de l'expertise restent à la charge de l'Administration lorsque l'insuffisance est inférieure au huitième du prix exprimé ou de la valeur déclarée, toutes compensations étant faites entre les diverses expertises.

V. *L. 22 frimaire an VII, art. 18 ; L. 27 ventôse an IX, art. 5 ; L. 27 février 1912, art. 15 ; L. 27 mai 1918 ; L. 22 mars 1924, art. 29.*

61. Sont et demeurent abrogées, en ce qu'elles ont de contraire aux articles 57, 58, 59 et 60 ci-dessus, les dispositions des lois antérieures visant les insuffisances de toute nature, à l'exclusion des dispositions visant les omissions et les dissimulations.

62. Les sociétés civiles de personnes constituées conformément aux articles 1832 et suivants du Code civil sont tenues de faire, au bureau de l'enregistrement du lieu où elles ont le siège de leur principal établissement, une déclaration contenant :

1° L'objet, le siège et la durée de la société ;

2° La date de l'acte constitutif et, s'il y a lieu, du ou des actes modificatifs, ainsi que celle de l'enregistrement de chacun de ces actes, dont un exemplaire sur papier non timbré, dûment certifié, est joint à la déclaration ;

3° Les noms, prénoms et domicile de chacun des associés, directeurs ou gérants ;

4° La nature et la valeur des biens mobiliers et immobiliers, constituant les apports ;

5° Les droits attribués aux associés dans le partage des bénéfices et de l'actif social, que ces droits soient ou non constatés par des titres délivrés aux ayants droit.

Cette déclaration devra être faite dans les trois mois de la publication de la présente loi au *Journal officiel* pour les sociétés civiles existant au jour de cette publication, et dans le mois de leur constitution définitive, pour les mêmes sociétés qui se formeront postérieurement.

En cas de modification dans la constitution de l'actif social, de changement de siège, de remplacement du directeur ou gérant ou d'un ou plusieurs des associés, lesdites sociétés doivent en faire la déclaration dans le délai d'un mois au bureau qui a reçu la déclaration primitive et déposer en même temps un exemplaire de l'acte modificatif.

63. Toute contravention aux dispositions qui précèdent est punie d'une amende de 100 à 5 000 francs en principal, sans préjudice d'une pénalité de 10 pour 100 en principal du montant des apports mobiliers ou immobiliers omis ou insuffisamment évalués dans la déclaration.

Les omissions sont réprimées dans les délais et suivant les formes prescrites par les lois qui régissent les déclarations de mutation par décès.

Les insuffisances mobilières ou immobilières sont constatées par voie d'expertise, à laquelle il est procédé dans les formes indiquées aux articles 57 à 60 de la présente loi.

A défaut de la déclaration prévue à l'article 62, les actes constitutifs ou modificatifs de sociétés civiles ne sont pas opposables à l'Administration pour la perception de tous impôts ou taxes exigibles en vertu des lois en vigueur.

64. Les sociétés civiles visées à l'article 62 sont assujetties au droit de communication conféré aux agents de l'enregistrement par la loi du 5 juin 1850, article 16, le décret du 17 juillet 1857, article 9, la loi du 23 août 1871, article 22, et la loi du 21 juin 1875, article 7. Le refus de communication est constaté par un procès-verbal et soumis aux sanctions établies par l'article 5 de la loi du 17 avril 1906.

V. *L.* 5 *juin* 1850, *art.* 16 ; *Décr.* 17 *juillet* 1857, *art.* 9 ; *L.* 23 *août* 1871, *art.* 22 ; *L.* 21 *juin* 1875, *art.* 7 ; *L.* 17 *avril* 1906, *art.* 5.

65. Les dispositions qui précèdent sont applicables aux sociétés civiles constituées à l'étranger entre personnes de nationalité française ou comprenant un ou plusieurs associés français. Les déclarations prévues à l'article 62 ci-dessus sont faites au bureau de l'enregistrement du domicile de l'associé ou de l'un quelconque des associés français.

Ces sociétés demeurent soumises en France à toutes les obligations fiscales qui incombent aux sociétés étrangères en vertu des lois en vigueur, notamment de l'article 3 du décret portant règlement d'administration publique en date du 6 décembre 1872, relatif à l'impôt sur le revenu des biens meubles et immeubles possédés en France par les sociétés, compagnies et entreprises étrangères.

66. Il sera perçu à l'occasion de la délivrance ou du renouvellement de la carte d'identité d'étranger une somme de 50 francs pour l'Etat, 6 francs pour le département et 12 francs pour la commune, en tout 68 francs, sans addition d'aucun décime.

Ces sommes seront réduites respectivement à 7 francs, 1 franc et 2 francs, au total 10 francs, sans addition d'aucun décime, pour les étrangers pères ou mères d'un ou plusieurs enfants français, pour les étudiants et les travailleurs salariés, les savants et les écrivains étrangers vivant en France remplissant les conditions qui seront déterminées par décret. En seront totalement exonérés les étrangers ayant servi comme volontaires dans l'armée française pendant la guerre.

Bénéficieront également de la somme réduite ou de l'exonération les conjoints, ascendants ou descendants des travailleurs vivant avec ces derniers.

La carte sera requise de tout étranger faisant en France un séjour de plus de deux mois. Elle doit être renouvelée tous les deux ans.

Dans le cas prévu dans le second alinéa du présent article, mais seulement lorsqu'il s'agit de travailleurs salariés, la somme sera à la charge de l'employeur.

La part des départements et des communes sera répartie entre tous les départements et les communes suivant les principes du fonds commun.

V. L. 29 *avril* 1921, *art.* 15.

67. Les minutes, originaux et expéditions des actes ou procès-verbaux de vente ou licitation dont le prix sera supérieur à 5 000 francs sont soumis au timbre de dimension.

Les cahiers des charges relatifs à ces mutations seront soumis au timbre de dimension après la réalisation des ventes ou des adjudications, lorsque le prix excédera 5 000 francs.

Sont exemptes du droit de timbre de dimension toutes les copies des actes destinés à être déposés au bureau des hypothèques.

Les articles 6 et 7 de la loi du 23 avril 1905 sont abrogés en ce qu'ils ont de contraire aux présentes dispositions.

V. L. 22 *avril* 1905, *art.* 6 *et* 7.

68. Les droits auxquels sont assujetties les affiches lumineuses désignées à l'article 20 de la loi du 8 avril 1910 sont doublés lorsque ces affiches sont établies dans les limites d'une commune dont la population dépasse 100 000 habitants.

Pour Paris, le droit est triplé.

En outre, les tarifs ainsi déterminés sont doublés pour toutes les affiches d'une superficie supérieure à 50 mètres carrés.

V. L. 8 *avril* 1910, *art.* 20.

69. Sont assimilées aux affiches lumineuses, pour l'application des droits établis à l'article précédent :

1° Les réclames lumineuses et les enseignes qui réunissent les caractères spécifiques des affiches lumineuses tels qu'ils sont définis à l'article 20 de la loi du 8 avril 1910 ;

2° Les affiches sur papier, les affiches peintes et les enseignes éclairées la nuit au moyen d'un dispositif spécial. Ces affiches, même si elles sont actuellement imposées au taux des affiches peintes, devront acquitter le nouveau droit à partir de la promulgation de la présente loi, déduction faite, le cas échéant, des taxes déjà perçues.

Sont assimilées aux affiches lumineuses de la plus grande dimension les réclames faites de quelque façon que ce soit qui ne rentrent pas dans la catégorie des affiches ordinaires, faites par projections lumineuses ou non et inscriptions permanentes ou fugitives, telles que les projections ou inscriptions sur le sol, sur le ciel, etc.

V. *L. 8 avril* 1910, *art.* 20 ; *Décr. 8 février* 1911 ; *L. 25 juin* 1920, *art.* 41 *et* 42; *et* suprà, *art.* 68.

70. L'amende de 5 francs en principal, édictée par les articles 23 de la loi du 8 avril 1910 et 42 de la loi du 25 juin 1920, est porté à 1 000 francs en **principal**.

V. *L. 8 avril* 1910, *art.* 23 ; *L. 25 juin* 1920, *art.* 42.

71. Le premier alinéa de l'article 55 de la loi du 25 juin 1920 est modifié ainsi qu'il suit :

« Est fixé à :

« 0 fr. 25 quand les sommes n'excèdent pas 100 francs ;

« 0 fr. 50 quand les sommes sont comprises **entre** 100 francs et 1 000 francs;

« 1 franc quand les sommes sont comprises entre 1 000 francs et 10 000 francs ;

« 3 francs quand les sommes sont comprises entre 10 000 francs et 50 000 francs ;

« Et, au delà, 1 franc en sus par nouvelle fraction de 50 000 francs,

« Le droit de timbre des titres, de quelque nature qu'ils soient, signés ou non signés, faits **sous signatures** privées, qui constatent des payements ou des versements de **sommes**, quels que soient le caractère civil ou commercial du payement ou du versement et la qualité de celui qui le reçoit ou l'effectue. »

Sont frappés d'un droit de timbre-quittance uniforme de 25 centimes les reçus constatant un dépôt d'espèces effectué chez un banquier, un agent de change ou un comptable public.

V. *L. 25 juin* 1920, *art.* 55.

72. Pour le calcul du droit de timbre auquel sont soumis les titres ou certificats d'actions, en vertu des articles 14 et 22 de la loi du 5 juin 1850 et 9 de la loi du 23 juin 1857, il est ajouté au capital nominal le montant de la prime d'émission, s'il en a été ou s'il en est imposé une au souscripteur.

V. *L. 5 juin* 1850, *art.* 14 *et* 22 ; *L. 23 juin* 1857, *art.* 9.

Cette disposition est applicable, à compter du 1er juin 1925, aux abonnements en cours contractés depuis le 1er janvier 1925.

73. Le droit de timbre auquel l'article 28 de la loi du 28 avril 1893 soumet toute opération de bourse ayant pour objet l'achat et la vente de valeurs de toute nature est porté à 60 centimes (0 fr. 60) par 1 000 francs ou fraction de 1 000 francs.

Il est perçu sur le montant de la négociation.

Sur les opérations de report, le droit est élevé à 25 centimes (0 fr. 25) par 1 000 francs ou fraction de 1 000 francs.

Il n'est pas innové en ce qui concerne les opérations relatives aux rentes sur l'Etat français.

V. *L. 28 avril 1893, art. 28, et les annotations ; L. 22 mars 1924, art. 15.*

74. Les opérations de change visées à l'article 1er de la loi du 1er août 1917 sont soumises à un droit de timbre dont la quotité est fixée à 10 centimes par 1 000 francs ou fraction de 1 000 francs du montant de l'opération.

V. *L. 1er août 1917, art. 1er ; L. 28 février 1921, art. 14.*

75. Un décret déterminera les conditions d'application de la disposition qui précède.

Toute infraction aux dispositions de l'article 74 et à celles du décret prévu pour son exécution sera punie d'une amende de 100 à 5 000 francs en principal.

76. A partir du 30 juin 1925, est porté à 0 fr. 70 pour 100 en principal le taux du droit annuel de transmission fixé à 0 fr. 60 pour 100 par l'article 18 de la loi du 30 juin 1923 et auquel sont assujettis :

1° Les titres au porteur d'actions ou obligations françaises ;

2° Les titres nominatifs et au porteur étrangers visés au paragraphe 2 de l'article 31 de la loi du 29 mars 1914 ;

3° Les droits incorporels visés à l'article 24 de la loi du 28 décembre 1922.

V. *L. 23 juin 1857, art. 6 et 9, et les annotations.*

77. A partir du 30 juin 1925, le taux de la taxe établie par les articles 31, 34 et 42 de la loi du 29 mars 1914 et 50, 3e alin., de la loi du 25 juin 1920 sur le revenu des valeurs mobilières étrangères qui ne sont pas soumises au régime de l'abonnement, ainsi que sur les titres de rente, emprunts et autres effets publics des gouvernements étrangers, est fixé à 18 pour 100, sans addition de décimes.

Sont dispensés de la taxe du revenu établie par les articles 31, 34 et 42 de la loi du 29 mars 1914 sur le revenu des valeurs étrangères qui ne sont pas soumises au régime de l'abonnement, les dividendes, intérêts, arrérages et tous autres produits des valeurs mobilières étrangères que les sociétés d'assurances et de réassurances françaises sont obligatoirement tenues de déposer et de maintenir en dépôt à l'étranger, en vertu des lois locales, pour constituer des cautionnements, des réserves mathématiques et toutes autres réserves pour sinistres à régler et pour risques en cours.

Cette exonération est subordonnée à la justification des dépôts ainsi constitués à l'étranger ; elle cesse dès que ces dépôts ne sont plus obligatoires.

V. *L. 29 juin 1872, art. 4 ; L. 29 mars 1914, art. 42, et les annotations.*

78. Les dispositions du paragraphe 1er de l'article 77 ci-dessus n'auront effet que pour les coupons mis en recouvrement postérieurement au 1er juillet 1925 et présentés à l'encaissement postérieurement à la promulgation de la présente loi.

79. Sont passibles en totalité de la taxe instituée par l'article 12 de la loi du 13 juillet 1911 et par l'article 12 de la loi du 30 décembre 1916 les prélèvements sur les bénéfices qui, à partir de la promulgation de la présente loi, seront effectués au profit de l'administrateur unique ou des membres des conseils d'administration en leur dite qualité, même si ces prélèvements ne résultent pas d'une disposition statutaire obligatoire.

V. *L. 13 juillet 1911, art. 12 ; L. 30 décembre 1916, art. 12.*

80. L'impôt sur le revenu des capitaux mobiliers est perçu sur le montant des remboursements et amortissements totaux ou partiels que les sociétés ou collectivités, désignées dans les paragraphes 1 et 3 de la loi du 29 juin 1872 et non affranchies de l'impôt sur le revenu des valeurs mobilières par des lois subséquentes, effectuent, sur le montant de leurs actions, parts d'intérêts ou commandites, avant leur dissolution ou leur mise en liquidation.

La disposition qui précède est applicable aux remboursements et amortissements effectués sur le montant des actions, parts d'intérêts ou commandites des sociétés et compagnies étrangères. Elle n'est pas applicable aux amortissements qui seraient faits par une réalisation d'actif et au moyen de prélèvements sur les éléments autres que le compte « profits et pertes », les réserves ou provisions diverses de bilan.

Les sommes distribuées dans les conditions ainsi définies entrent en compte pour l'établissement de l'impôt général sur le revenu dû par les bénéficiaires.

Ne sont pas soumises aux dispositions qui précèdent les sociétés dont les statuts prévoient l'amortissement obligatoire des actions.

Seront également exemptées de l'application des dispositions qui précèdent les sociétés concessionnaires de l'Etat, des départements, des communes, des colonies et protectorats, qui établiront que l'amortissement par remboursement de tout ou partie de leur capital social, parts d'intérêts ou commandites, est justifié par la caducité de tout ou partie de leur actif social, notamment par dépérissement progressif ou par obligation de remise en fin de concession à l'autorité concédante. Un règlement d'administration publique fixera les conditions dans lesquelles sera constaté dans chaque cas que l'opération a bien le caractère d'amortissement et que l'exonération est légitime.

Lorsque les actions auront été remboursées par un des moyens non expressément exclus par le deuxième paragraphe du présent article, à la liquidation de la société, la répartition de l'actif entre les porteurs d'actions de jouissance et jusqu'à concurrence du pair des actions originaires sera considérée comme un remboursement de capital non imposable à l'impôt sur le revenu.

Un règlement d'administration publique fixera le mode de payement de la taxe ainsi que toutes les autres mesures nécessaires pour l'exécution du présent article.

V. *L. 29 juin 1872, art. 1er à 4, et leurs annotations.*

81. L'inscription de privilège prise]pour la garantie du prix de vente d'un fonds de commerce ne pourra être radiée que s'il est justifié que l'impôt édicté par l'article 38 de la loi du 31 juillet 1917 a été acquitté sur les intérêts de ce prix.

V. *L. 31 juillet* 1917, *art.* 38.

Un décret déterminera la forme et le mode de production des justifications.

Les greffiers des tribunaux de commerce qui contreviendront aux dispositions du présent article et du décret à intervenir seront personnellement passibles d'une amende de 1 000 à 5 000 francs.

. . . .

84. L'article 12 de la loi du 31 juillet 1920 est abrogé.

L'article 60 de la loi du 25 juin 1920 est complété ainsi qu'il suit :

« Sont également exemptes de la taxe prévue à l'article 59 les affaires consistant dans la vente de produits végétaux, animaux ou minéraux, importés à l'état brut, dont la liste sera fixée par un décret rendu sur la proposition des ministres des finances, du commerce et des colonies, lorsque cette vente est effectuée par l'importateur lui-même et que les produits sont vendus dans l'état où ils ont été importés. Pour l'application de cette disposition, le vendeur n'est importateur que s'il a pris livraison des produits dont la vente doit être exonérée avant leur passage à la douane. Le décret susvisé énumérera en outre les justifications à produire pour bénéficier de l'exemption. Ce décret sera soumis à la ratification législative, immédiatement si les Chambres sont réunies, sinon, dès l'ouverture de leur plus prochaine session ; il restera applicable jusqu'à la mise en vigueur de la loi statuant sur sa ratification.

« Pour les personnes opérant en France comme agents ou employés de personnes non établies en France, le chiffre d'affaires servant de base à la liquidation de l'impôt institué par l'article 59 de la loi du 25 juin 1920 est constitué par le montant des ventes effectivement et définitivement réalisées.

« Si les opérations effectuées par les intermédiaires ou mandataires portent sur des marchandises présentées à l'importation et qu'ils introduisent en France, l'impôt sera perçu sur le montant de l'achat ou de la vente ainsi réalisée, sauf en ce qui concerne les produits visés par le paragraphe 3 précédent et sous réserve des justifications prévues audit paragraphe.

« Lorsque les marchandises présentées à l'importation de l'étranger ou des colonies ne sont pas introduites en France par les soins d'un agent ou employé de personnes non établies en France ou par ceux d'un intermédiaire ou mandataire, l'impôt sera dû par l'acheteur dans les conditions prévues par la loi du 25 juin 1920 et portant sur le montant des achats effectivement et définitivement réalisés, sauf quand il s'agit de produits visés par le paragraphe 3 précédent. Cette disposition ne vise que l'acheteur recevant de l'étranger ou des colonies des marchandises destinées à son usage ou à sa propre consommation et non à la revente. »

V. *L.* 25 *juin* 1920, *art.* 60 ; *L.* 31 *juillet* 1920, *art.* 12 ; *Décr.* 14 *août* 1925.

85. L'impôt institué par l'article **59 de la loi** du 25 juin 1920 ne sera exigé qu'à partir du 1er janvier 1926 **en ce qui** concerne les sociétés coopératives de consommation qui étaient susceptibles de bénéficier des exonérations prévues par l'article 15 de la loi du 31 juillet 1917 et n'ont pas en fait acquitté cet impôt.

L'impôt ne sera exigé qu'à compter de la même date en ce qui concerne :

1° Les syndicats agricoles qui sont passibles de l'impôt sur le chiffre d'affaires dans les mêmes conditions que les sociétés coopératives de consommation ;

2° Les groupements d'achats en commun constitués entre professionnels (personnes ou sociétés).

V. *L.* 25 *juin* 1920, *art.* 59 *et* 60.

86. Le paragraphe 6 de l'article 19 de la loi du 31 juillet 1920 est ainsi modifié :

« Les dispositions qui précèdent ne sont pas applicables aux locations de pêches consenties aux sociétés de pêcheurs à la ligne bénéficiaires de la loi du 20 janvier 1902 et du décret des 17 février-20 mai 1903, ni aux sociétés coopératives de pêcheurs professionnels. »

V. *L.* 31 *juillet* 1920, *art.* 19.

. . . .

118. Les paragraphes 1, 2 et 3 de l'article 1er de la loi du 26 juin 1920 instituant des taxes spéciales pour le service de la propriété industrielle sont modifiés comme suit :

« Le dépôt ou le renouvellement de dépôt d'une marque de fabrique ou de commerce donne lieu au payement :

« 1° D'une taxe fixe de dépôt de 50 francs perçue au profit de l'Etat ;

« 2° D'une taxe d'enregistrement de 10 francs par classe de produits auxquels la marque doit s'appliquer, perçue ou profit de l'Office national de la propriété industrielle. »

V. *L.* 26 *juin* 1920, *art.* 1er.

. . . .

Dispositions diverses.

139. Par dérogation à l'article 78 de la loi du 15 mai 1818, sont soumis aux dispositions de l'article 22 de la loi du 11 juin 1859 les marchés passés par l'Office national de l'azote et par les mines domaniales de potasse d'Alsace avec leurs entrepreneurs et leurs fournisseurs.

Enregistrement provisoire au droit fixe de 6 fr. en principal : V. *L.* 15 *mai* 1818, *art.* 78 ; *L.* 11 *juin* 1859, *art.* 22.

140. Les mémoires et factures produits par les fournisseurs et entrepreneurs **créanciers** de l'Office national de l'azote et des mines domaniales de potasse d'Alsace ne sont pas assujettis aux droits de timbre de dimension institués par l'article 12 de la loi du 13 brumaire an VII.

V. *L.* 13 *brumaire an VII, art.* 16, *et les annotations.*

144. Les dispositions des deux articles ci-dessus auront, en ce qui concerne les mines domaniales de potasse d'Alsace, effet rétroactif depuis l'achat de ces mines par l'Etat français, sans toutefois que les droits de timbre ou d'enregistrement qui auraient été antérieurement perçus, en vertu des lois visées aux articles 139 et 140, puissent donner lieu à restitution.

. . . .

145. L'article 31 de la loi du 31 juillet 1920 est complété ainsi qu'il suit : « Lorsqu'une plainte régulière aura été portée par l'Administration contre un redevable et qu'une information aura été ouverte, les agents de l'Administration ne pourront opposer le secret professionnel au juge d'instruction qui les interrogera sur les faits faisant l'objet de la plainte. »

V. *L. 31 juillet 1920, art.* 31.

Décret du 23 juillet 1925,

Modifiant certaines dispositions de la loi du 27 juin 1904 sur le service des enfants assistés (D. P. 1925. 4e partie).

. . . .

Art. 2. L'article 13 de la loi du 27 juin 1904 sur le service des enfants assistés est ainsi modifié : — « Les attributions du tuteur et du conseil de famille sont celles que détermine le Code civil, réserve faite, toutefois, des fonctions conférées au trésorier-payeur général et au receveur de l'assistance publique de Paris, en ce qui concerne la gestion des deniers pupillaires. — Ces attributions comprennent, notamment, le droit de donner ou de refuser le consentement au mariage, à l'émancipation, à l'adoption, à l'engagement militaire. — Il n'est pas institué de subrogé-tuteur. — Dans les cas d'émancipation, le tuteur ou son délégué est seul tenu de comparaître devant le juge de paix. — L'acte d'émancipation est délivré sans frais.

3. Les paragraphes 2 et 3 de l'article 18 de la loi du 27 juin 1904, sur le service des enfants assistés, sont abrogés.

V. *L. 27 juin 1904, art.* 13 *et* 18.

Décret du 11 août 1925,

Déterminant la forme des répertoires que doivent tenir les personnes ou sociétés assujetties aux dispositions de l'article 39 de la loi du 13 juillet 1925 (D. P. 1925. 4e partie).

Art. 1er. Les deux répertoires à colonnes non sujets au timbre, que doivent tenir les personnes ou sociétés assujetties aux dispositions de l'article 39 de la loi du 13 juillet 1925, seront conformes aux modèles annexés au présent décret.

V. *L. 13 juillet 1925, art.* 39.

ANNEXE N° 1

Répertoire des actes se rattachant à la qualité d'intermédiaire de M............, demeurant à..........
(pouvoirs, mandats, contrats de commission, options, etc.,
et tous actes auxquels M............ est intervenu en qualité de simple mandataire).

NUMÉROS D'ORDRE	DATE des actes.	NATURE des actes.	NOMS, prénoms et domicile des parties.	DÉSIGNATION des biens (nature, situation, contenance, etc.).	RELATION de l'enregistrement (bureau, date et numéros), si l'acte est sous seings privés et, s'il est authentique. nom, résidence et qualité de l'officier public ou ministériel ou du fonctionnaire rédacteur, ou indication du tribunal, en cas d'adjudication à la barre.	MONTANT de rémunération stipulée.	SUITE DONNÉE	OBSERVATIONS
1	2	3	4	5	6	7	8	9

ANNEXE N° 2

Répertoire des actes se rattachant à la qualité de propriétaire de M.........., demeurant à..........
(acquisitions, ventes, promesses d'achat et de vente,
leurs réalisations et cessions, déclarations de command, échanges, levées d'option, etc.).

NUMÉROS D'ORDRE	DATE des actes.	NATURE des actes.	NOMS, prénoms et domicile des parties.	DÉSIGNATION sommaire des biens (nature, situation, contenance, etc.).	RELATION de l'enregistrement (bureau, date et numéros), si l'acte est sous seing privé, ou s'il est authentique, nom, résidence et qualité de l'officier public ou ministériel, ou du fonctionnaire rédacteur, ou indication du tribunal en cas d'adjudication à la barre.	PRIX et charges.	SUITE DONNÉE	OBSERVATIONS
1	2	3	4	5	6	7	8	9

Décret du 14 août 1925,

Relatif à l'application de l'article 84 de la loi du 13 juillet 1925 (exonération de la taxe sur le chiffre d'affaires en ce qui concerne les produits importés à l'état brut).

Art. 1er. Sont susceptibles de bénéficier de l'exonération prévue, en matière de taxe sur le chiffre des affaires, par le 3e alinéa de l'article 84 de la loi de finances du 13 juillet 1925, et sous réserve de l'observation des prescriptions ci-après, les produits végétaux, animaux ou minéraux énumérés au tableau annexé au présent décret.

2. Pour justifier de son droit à l'exonération, l'importateur devra être en mesure de représenter une quittance de douane sur laquelle il figurera comme destinataire réel de la marchandise qu'il a introduite.

Par dérogation aux dispositions de l'alinéa ci-dessus, en ce qui concerne les produits placés sous le régime de la soumission cautionnée instituée par l'article 4, § 4, de l'arrêté du 28 août 1920, et vendus en l'état dans le délai d'apurement de cette soumission, l'exonération de l'impôt sera acquise aux détenteurs successifs de ces produits, à charge par eux d'établir, en deux exemplaires, une déclaration du modèle annexé au présent décret ; l'un de ces exemplaires sera produit à l'appui de l'inscription portée au registre spécial visé à l'article 3 ; l'autre sera adressé le jour même de cette inscription au représentant qualifié de l'Administration compétente en matière de chiffre d'affaires.

3. L'importateur, ou le vendeur (en cas de soumission cautionnée), devra inscrire, par ordre de date, les ventes des produits énumérés au tableau ci-annexé, sur un registre spécial, avec indication de la date d'inscription, de l'espèce, des quantités, de la valeur et de la destination (nom de l'acheteur et adresse) des produits vendus.

Ce registre, ainsi que les pièces justificatives prévues à l'article 2 ci-dessus, devra être représenté, à toute réquisition, aux agents de l'administration compétente pour exercer le contrôle en matière d'impôt sur le chiffre d'affaires.

V. *L.* 13 *juillet* 1925, *art.* 84.

TABLEAU

PRODUITS ANIMAUX.

Peaux brutes, c'est-à-dire à l'état naturel, fraîches, sèches ou salées.

Laines non teintes, y compris celles d'alpaga, de lama, de vigogne, de yack, le poil de chameau et de chèvre cachemire, en masses ou en peaux.

Soies :

1o En cocons frais ou secs ;

2o Grèges (suivant la définition du tarif des douanes).

PRODUITS VÉGÉTAUX.

Céréales en paille ou en **grains non** concassés, ni mondés, ni perlés (froment, épeautre, méteil, avoines, orges, seigles, maïs, sarrasin).
Riz en paille, en grains ou en brisure, ni glacé, ni poli.
Graines et fruits oléagineux, décortiqués ou non.
Café en cerise, en pellicules ou en fèves.
Cacao en cabosses, en pellicules ou en fèves.
Caoutchouc, gutta-percha, balata, bruts ou refondus en masses.
Bois communs et exotiques bruts non équarris ou grossièrement équarris.
Coton non égrené, coton égrené en masse, écru.
Lin brut ou teillé.
Chanvre en tige ou teillé.
J te brut en brins, teillé.

PRODUITS MINÉRAUX.

Phosphates naturels.

ANNEXE

MODÈLE DE LA DÉCLARATION

PRÉVUE A L'ALINÉA 2 DE L'ARTICLE 2.

Je soussigné (nom, profession, domicile), déclare avoir vendu le (date de la vente) à M. (nom et domicile de l'acheteur), pour le prix de ....
Cette marchandise provient :
(1) D'un achat que j'ai fait le (date) à M. (nom et adresse).
(1) D'une importation pour mon propre compte.
Elle a fait l'objet d'une soumission cautionnée souscrite le (date) sous le n° .... à la douane de ....
Je certifie que, tant qu'elle est restée ma propriété en France, elle n'a subi d'autre manipulation que celles indispensables à son transport ou à sa conservation.
A..., le...................................
(Signature).

---

(1) Biffer l'une ou l'autre des mentions, selon le cas.

Décret du 15 septembre 1925,

Portant création de timbres mobiles pour les cartes d'identité des étrangers
(D. P. 1925. 4ᵉ partie).

Art. 1ᵉʳ. Les cartes d'identité des étrangers sont timbrées à la diligence et sous la responsabilité de l'autorité chargée de leur délivrance ou de leur renouvellement au moyen de timbres mobiles fournis par l'Administration de l'enregistrement.

2. Le timbre mobile est immédiatement oblitéré par l'apposition du cachet de la préfecture appliqué à l'encre grasse. L'oblitération est faite de telle manière que partie de l'empreinte figure sur la carte et sur le timbre mobile.

3. Il est créé deux timbres mobiles, conformes aux modèles annexés au présent décret, l'un de 68 francs et l'autre de 10 francs, sans décimes. Ce dernier remplacera le timbre mobile de dimension de 10 francs en principal, créé par l'article 2 du décret du 13 janvier 1922.

4. La couleur des timbres mobiles créés par le présent décret peut être changée ou modifiée par arrêté du ministre des finances.

5. L'Administration de l'enregistrement, des domaines et du timbre fera déposer aux greffes des cours et tribunaux des modèles de chacun des nouveaux timbres mobiles.

Il sera dressé sans frais procès-verbal de ce dépôt.

V. *L.* 29 *avril* 1921, *art.* 15 ; *Décr.* 31 *décembre* 1921 ; *L.* 13 *juillet* 1925, *art.* 66.

FIN DU SUPPLÉMENT AU CODE DE L'ENREGISTREMENT.

TABLE ALPHABÉTIQUE

DES

ADDITIONS AU CODE DE L'ENREGISTREMENT

OBSERVATION GÉNÉRALE. — *Tous les impôts, droits et taxes recouvrés au profit de l'État ont été augmentés de deux décimes par l'art. 3 de la loi du 22 mars 1924, sauf quelques exceptions. En ce qui concerne les droits déjà soumis aux décimes, l'augmentation porte sur le montant cumulé du principal et des décimes antérieurs. En conséquence, les tarifs indiqués, en principal seulement, dans les colonnes de la Table du Code de l'Enregistrement, s'établissent, sous l'empire de la loi du 22 mars 1924, de la manière suivante :*

1re colonne (portant comme titre : Add. de 2 déc. 1/2). — Les tarifs y figurant doivent être majorés de moitié. Ainsi, un droit de 1 fr. % qui, avec les 2 décimes 1/2 antérieurs, s'élevait en réalité à 1 fr. 25 %, subit sur cette dernière somme l'addition des deux nouveaux décimes (soit 0 fr. 25) et se trouve porté à 1 fr. 50 % ; un droit de 0 fr. 50 % qui, avec les 2 décimes 1/2 antérieurs, était en réalité de 0 fr. 625 % s'élève désormais à 0 fr. 75 % (0 fr. 625 + 0 fr. 125), etc.

2e colonne (portant comme titre : Sans décimes). — Les tarifs doivent être majorés d'un cinquième. Ainsi, un droit de 6 fr. est maintenant de 7 fr. 20 (6 fr. + 1 fr. 20) ; un droit de 10 % est de 12 % (10 % + 2 %), etc.

Quant aux exceptions à l'application des deux nouveaux décimes et aux autres modifications apportées à la législation antérieure tant par la loi du 22 mars 1924 que par les lois, décrets et arrêtés publiés jusqu'au 1er octobre 1925, elles sont énumérées dans la Table ci-après :

A

ACCIDENTS DU TRAVAIL
Fonds de garantie, contributions, tarifs, *L. 30 juin 1924.*

ACTES DE L'ÉTAT CIVIL
Timbre : tarif spécial augmenté de deux décimes et porté, pour les registres, à 2 fr. 40, 3 fr. 60, 4 fr. 80 et 7 fr. 20, suivant la dimension du papier, et, pour les extraits, à 3 fr. 60, *L. 22 mars 1924, art. 3 ; Décr. 15 avril 1924, art. 2, 3, 24, 25 et 27.*

ACTES RESPECTUEUX
Timbre et enregistrement gratis, *L. 7 février 1924.*

ACTIONS ET OBLIGATIONS NÉGOCIABLES
I. — Valeurs françaises.
Timbre. — Droit au comptant et droit annuel par abonnement liquidés sur le capital nominal augmenté de la prime d'émission s'il en est imposé une au souscripteur, *L. 13 juillet 1925, art. 72.*
Exemptions : emprunt français 7 % aux États-Unis, *L. 21 novembre 1924, art. 2 ;* — emprunt 4 % or, *L. 27 juin 1925.*

ACTIONS ET OBLIGATIONS NÉGOCIABLES (*suite*).

DROIT DE TRANSMISSION. — Titres au porteur, taxe annuelle, tarif porté à 0 fr. 70 % en principal, *L.* 13 *juillet* 1925, *art.* 76. — Mêmes exemptions que pour le timbre.

IMPOT SUR LE REVENU (V. ce mot).

II. — Valeurs étrangères.

Titres non abonnés, impôt sur le revenu, tarif porté à 18 %, sans décimes, *L.* 13 *juillet* 1925, *art.* 77 *et* 78. — Exemption de cet impôt pour les valeurs obligatoirement déposées à l'étranger par les compagnies d'assurances, *mêmes art.*

Titres abonnés : triple taxe annuelle : 1° droit de timbre, liquidé sur la prime d'émission, *L.* 13 *juillet* 1925, *art.* 72 ; 2° droit de transmission, tarif porté à 0 fr. 70 % en principal, *même loi, art.* 76 ; 3° impôt sur le revenu, tarif maintenu à 10 % (V. ce mot).

AFFICHES SUR PAPIER PRÉPARÉ OU PROTÉGÉES, NON ÉCLAIRÉES PAR DISPOSITIF SPÉCIAL. — Tarif double du précédent, *L.* 22 *mars* 1924, *art.* 7.

AFFICHES PEINTES, NON ÉCLAIRÉES PAR DISPOSITIF SPÉCIAL. — Tarif augmenté de deux décimes, *L.* 22 *mars* 1924, *art.* 3.

AFFICHES LUMINEUSES. — Tarifs augmentés de deux décimes, *L.* 22 *mars* 1924, *art.* 3 ; — tarifs doublés dans les communes de plus de 100 000 habitants et triplés à Paris ; — de plus, doublement de ces tarifs pour les affiches supérieures à 50 mètres carrés, *L.* 13 *juillet* 1925, *art.* 68. — Pénalités, *même loi, art.* 70.

ENSEIGNES ET RÉCLAMES LUMINEUSES. — Assimilation aux affiches lumineuses, *L.* 13 *juillet* 1925, *art.* 69.

AFFICHES SUR PAPIER, AFFICHES PEINTES ET ENSEIGNES ÉCLAIRÉES LA NUIT PAR DISPOSITIF SPÉCIAL. — Assimilation aux affiches lumineuses, *L.* 13 *juillet* 1925, *art.* 69.

PROCÉDÉS QUELCONQUES DE PUBLICITÉ PAR PROJECTIONS OU INSCRIPTIONS. — Assimilation aux affiches lumineuses de la plus grande dimension, *L.* 13 *juillet* 1925, *art.* 69.

PANNEAUX-RÉCLAMES. — Tarifs augmentés de deux décimes, *L.* 22 *mars* 1924, *art.* 3.

EXEMPTION DU DROIT DE TIMBRE. — Affiches en matière de conciliation et d'arbitrage entre patrons et ouvriers, *L.* 21 *juin* 1924 (Code du travail, Liv. IV, *art.* 114) ; — affiches relatives à l'emprunt or 4 %, *L.* 27 *juin* 1925, *art.* 5.

AFFICHES

AFFICHES SUR PAPIER ORDINAIRE NON ÉCLAIRÉES PAR DISPOSITIF SPÉCIAL. — Tarif porté à 0 fr. 15 jusqu'à 15 décimètres carrés, à 0 fr. 30 de 15 à 30 décimètres carrés, à 0 fr. 45 de 30 à 60 décimètres carrés, à 0 fr. 60 de 60 à 120 décimètres carrés et, au delà de cette dimension, de 0 fr. 30 en plus par 120 décimètres carrés, sans décimes, *L.* 22 *mars* 1924, *art.* 7. — Timbres mobiles, *Décr.* 15 *avril* 1924, *art.* 22 ; du modèle unique, *Décr.* 9 *juillet* 1925, *art.* 1er à 4. — Timbrage à l'extraordinaire, *Décr.* 15 *avril* 1924, *art.* 23 ; au modèle unique, *Décr.* 9 *juillet* 1925, *art.* 5.

AGRICULTURE. — V. Chambre d'agriculture, Livret agricole de prévoyance.

ALSACE-LORRAINE

Application des lois françaises, *Décr.* 10 *janvier* 1925.

AMENDES

AMENDES PÉNALES. — Majoration de trente décimes, *L.* 22 *mars* 1924, *art.* 41.

AMENDES DE CONTRAVENTION. — Pour les pénalités déjà passibles de cinq décimes depuis l'art. 110 de la loi du 25 juin 1920, addition de deux décimes tant sur le principal que sur les cinq décimes antérieurs, *L.* 22 *mars* 1924, *art.* 3, soit une majoration de 80 % : ainsi une amende de 5 fr., qui, avec les cinq décimes antérieurs, s'élevait à 7 fr. 50, subit sur cette dernière somme l'augmentation des deux nouveaux décimes (soit 1 fr. 50) et se trouve portée à 9 fr.

Pour les pénalités qui n'étaient passibles que de deux décimes et demi depuis la loi du 25 juin 1920, addition de deux décimes tant sur le principal que sur les deux décimes et demi antérieurs, *L.* 22 *mars* 1924, *art.* 3, soit une majoration de moitié : ainsi un droit en sus minimum de 50 fr. en matière de bail hors délai qui, avec les deux décimes et demi antérieurs, était en réalité de 62 fr. 50 est désormais de 75 fr. (62 fr. 50 + 12 fr. 50).

AMENDES DE PROCÉDURE CIVILE. — Appel : dispense de consignation préalable, *L.* 13 *juillet* 1925, *art.* 49. — Tarifs, en principal :

Appel d'un jugement de juge de paix.. . . . . 15 fr.
Appel d'un jugement du tribunal de première instance ou de commerce. 25 fr.

AMNISTIE FISCALE
Contraventions antérieures à la loi du 22 mars 1924 ; rectifications dans les six mois, *L.* 22 *mars* 1924, *art.* 51.

ARBITRAGE ENTRE PATRONS ET OUVRIERS
Timbre et enregistrement, *L.* 21 *juin* 1924 (Code du travail, Liv. IV, art. 114 et 117).

ASSISTANCE JUDICIAIRE
Conseils de prud'hommes, *L.* 21 *juin* 1924 (Code du travail, Liv. IV, art. 77).

ASSOCIATIONS D'ÉTUDIANTS
Assimilation aux sociétés de secours mutuels, si reconnues d'utilité publique, *L.* 19 *décembre* 1924.

ASSURANCES
ASSURANCES CONTRACTÉES AUPRÈS D'ASSUREURS ÉTRANGERS. — Assimilation aux assurances contractées auprès d'assureurs français, *L.* 23 *février* 1924.

AVANCES SUR TITRES
Timbres mobiles et timbre à l'extraordinaire du modèle unique, *Décr.* 9 *juillet* 1925.

AVERTISSEMENT
Justice de paix : timbre de dimension augmenté de deux décimes et porté à 2 fr. 40, *L.* 22 *mars* 1924, *art.* 3.

B

BAIL
TARIFS. — Bail à vie : meubles, tarif porté de 5 % à 5 fr. 50 %, *L.* 13 *juillet* 1925, *art.* 43 ; plus les deux décimes de la loi du 22 mars 1924 (art. 3).
Bail à durée illimitée : meubles, tarif porté de 5 % à 5 fr. 50 %, *L.* 13 *juillet* 1925, *art.* 43 ; plus les deux décimes de la loi du 22 mars 1924 (art. 3).
Cession de droit au bail dans une mutation de fonds de commerce, tarif porté de 5 % à 5 fr. 50 %, *L.* 13 *juillet* 1925, *art.* 43 ; plus les deux décimes de la loi du 22 mars 1924 (art. 3).
Cession de droit à un bail ou à une promesse de bail ne se rattachant pas à une cession de fonds de commerce, tarif de 10 %, plus le double décime ; délai de rigueur ; pénalités, *L.* 13 *juillet* 1925, *art.* 34 à 36.
Bail de pêche, exemption de la taxe spéciale pour les sociétés de pêcheurs à la ligne et les sociétés coopératives de pêcheurs professionnels, *L.* 13 *juillet* 1925, *art.* 86.
PAYEMENT DES DROITS. — Périodes postérieures en cas de fractionnement, déclaration obligatoire, *L.* 13 *juillet* 1925, *art.* 37.
Déclarations en vue de la revision des evaluations foncières : pénalités pour défaut d'enregistrement des baux et locations verbales, non-exigibilité, intérêts de retard, *L.* 22 *mars* 1924, *art.* 46.

BANQUES COOPÉRATIVES DE SOCIÉTÉS OUVRIÈRES DE PRODUCTION
Exemption de l'impôt sur le revenu des valeurs mobilières ; — timbre de dimension pour les certificats de parts non négociables, *L.* 3 *janv.* 1924.

BORDEREAUX DE COUPONS
Emploi comme moyen de contrôle, *L.* 22 *mars* 1924, *art.* 61 à 68 ; *Décr.* 16 *septembre* 1924 ; suspendu, *Décr.* 22 *février* 1925, puis supprimé, *L.* 13 *juillet* 1925, *art.* 23.

BULLETINS DE BAGAGE. — Droit de timbre porté à 0 fr. 25, *L.* 22 *mars* 1924, *art.* 14 ; *Décr.* 15 *avril* 1924, *art.* 14. — Timbres mobiles et timbre à l'extraordinaire du modèle unique, *Décr.* 9 *juillet* 1925.

C

CAHIER DES CHARGES
TIMBRE : de dimension, après la réalisation des ventes ou des licitations immobilières, lorsque le prix excède 5000 fr. ; exemption lorsque le prix n'excède pas 5000 fr. et que les actes ne contiennent pas de dispositions indépendantes, *L. 22 avril* 1905, *art.* 6 *et* 7 ; *L. 13 juillet* 1925, *art.* 67.

CAISSE DES MONUMENTS HISTORIQUES
Taxe spéciale à son profit sur les ventes d'objets d'art et d'antiquité, désignation de ces objets, *Décr. 18 mars* 1924, *art.* 1ᵉʳ.

CARTES
Cartes d'entrée dans les cercles ou casinos; — cartes d'identité; — cartes de commerce; — cartes, bons et permis de circulation : droits de timbre spéciaux, augmentation de deux décimes, *L. 22 mars* 1924, *art.* 3.

Carte d'identité des étrangers, nouveaux tarifs, *L. 13 juillet* 1925, *art.* 66 ; *Décr. 15 septembre* 1925.

Cartes d'entrée dans les cercles et casinos, timbre mobile du modèle unique, *Décr. 9 juillet* 1925.

CASIER JUDICIAIRE
Bulletin n° 2 : timbre augmenté de deux décimes et porté à 0 fr. 60, *L. 22 mars* 1924, *art.* 3.

CHAMBRES D'AGRICULTURE
Élections, réclamations, exemption de timbre et d'enregistrement, *L. 3 janv.* 1924, *art.* 9 *à* 12 *et* 18 *et* 19.

CHEMINS DE FER. — V. Bulletins de bagage, Récépissés.

CHÈQUES
TIMBRE. — Tarif uniforme de 0 fr. 20, sans décimes, même pour les chèques sur place, *L. 22 mars* 1924, *art.* 8 ; *Décr. 15 avril* 1924, *art.* 5 *et* 6. — Addition du timbre de quittance pour les chèques tirés sur toute autre personne qu'un banquier, un agent de change, le caissier-payeur central du Trésor, les trésoriers-payeurs généraux ou les receveurs particuliers des finances, *même loi. art.* 8. — Exemption du timbre de quittance pour les quittances de sommes réglées par chèque sur une des personnes sus-indiquées, *L. 31 déc.* 1924, *art.* 8. — Chèques-contributions, exemption de timbre, *L. 28 février* 1925. *art.* 6 ; *Décr. 11 mars* 1925, *art.* 6. — Chèques tirés hors de France, timbres mobiles du modèle unique, *Décr. 9 juillet* 1925.

CHIFFRE D'AFFAIRES. — V. Impôt sur le chiffre d'affaires.

COLIS POSTAUX
Timbre porté à 0 fr. 15 pour les colis postaux n'excédant pas 5 kilos et à 0 fr. 25 pour les colis postaux au-dessus de 5 kilos, *L. 22 mars* 1924, *art.* 12; — timbre spécial de 0 fr. 15 pour les colis agricoles, *Décr. 15 avril* 1924, *art.* 14. — Timbres mobiles, *Décr. 15 avril* 1924, *art.* 12 ; du modèle unique pour les colis venant de l'étranger, *Décr. 9 juillet* 1925. — timbrage à l'extraordinaire, *Décr. 15 avr.* 1924, *art.* 13 *et* 14.

COMMUNICATION
Administrations publiques, secret professionnel inopposable, *L. 13 juillet* 1925, *art.* 145.

Commerçants faisant un chiffre d'affaires supérieur à 50000 fr. : dispense au profit des commerçants soumis au forfait annuel de l'impôt sur le chiffre d'affaires, *L. 16 avril* 1924, *art.* 5.

Marchands de biens et de fonds de commerce, *L. 13 juillet* 1925, *art.* 39.

Sociétés civiles, *L. 13 juillet* 1925, *art.* 64 *et* 65.

Sociétés à responsabilité limitée, *L. 7 mars* 1925, *art.* 42.

CONNAISSEMENTS
Timbre : tarifs des timbres de dimension, *L. 22 mars* 1924, *art.* 11 ; — timbres mobiles, *Décr. 15 avril 1924, art.* 16 ; — timbrage à l'extraordinaire, *même décr., art.* 17.

D

DÉCIMES. — Double décime, *L. 22 mars 1924, art.* 3 ; V. l'observation générale en tête de la présente table.

DISSIMULATION
Prix de vente de navires supérieurs à 100 tonnes, mêmes règles que pour les immeubles, *L. 22 mars* 1924, *art.* 28.
Dissimulation du véritable caractère d'un contrat, double droit en sus, *L. 13 juillet* 1925, *art.* 44.

DOMMAGES DE GUERRE
Recours en réduction : actes de mainlevées ou de radiation, exemption de timbre d'enregistrement et de taxe hypothécaire ; — salaire minimum de 20 fr., *L. 2 mai* 1924, *art.* 6.

DONATION
Assiette du droit proportionnel. — Immeubles : insuffisance d'évaluation, procédure, expertise, pénalités et frais, *L. 22 mars* 1924, *art.* 29 ; *L. 13 juillet* 1925, *art.* 57 à 60.

E

ÉCHANGE
Timbre : maintien de l'exemption du droit de timbre pour les échanges immobiliers qui ne contiennent pas de dispositions indépendantes, *L. 22 avril* 1905, *art.* 6 *et* 7 ; *L. 13 juillet* 1925, *art.* 6 et 7.
Enregistrement : Tarif, meubles, porté de 5 $^0/_0$ à 5 fr. 50 $^0/_0$, *L. 13 juillet* 1925, *art.* 43, plus le double décime. — Immeubles, soulte ou plus-value, surtaxe de 1 $^0/_0$ sur la partie qui excède 300 000 fr. et de 2 $^0/_0$ sur la partie qui excède 500 000 fr., *L. 13 juillet* 1925, *art.* 42 ; plus les deux décimes de la loi du 22 mars 1924 (art. 3).
Immeubles : insuffisance d'évaluation, procédure, expertise, pénalités et frais, *L. 22 mars* 1924, *art.* 29 ; *L. 13 juillet* 1925, *art.* 57 à 60.

EFFETS DE COMMERCE OU NÉGOCIABLES
Timbre : proportionnel fixé à 0 fr. 10 $^0/_0$, sans décimes et sans distinction suivant la date de l'échéance, *L. 22 mars* 1924, *art.* 9. — Timbres mobiles, *Décr. 15 avril* 1924, *art.* 5 et 9 ; du modèle unique, *Décr. 9 juillet* 1925. — Coupons de la débite et timbrage à l'extraordinaire, *même décr., art.* 8 *et* 10 ; timbre à l'extraordinaire du modèle unique, *Décr. 9 juillet* 1925.

EFFETS NON NÉGOCIABLES
Timbre : même tarif uniforme de 0 fr. 10 $^0/_0$ que pour les effets de commerce, *L. 22 mars* 1924, *art.* 9.

ENVOI EN POSSESSION
Valeurs mobilières déposées et immeubles à l'étranger dépendant d'une succession ouverte en France, *L. 13 juillet* 1925, *art.* 52 à 56.

ÉTRANGER
Non-application des déductions ou réductions d'impôts pour charges de famille, *L. 22 mars* 1924, *art.* 44. — V. Cartes.

ÉTUDIANTS. — V. Associations d'étudiants.

EXPÉDITION
Timbre : tarifs augmentés de deux décimes, *L. 22 mars* 1924, *art.* 3.

EXPERTISE
Extension à tous actes ou déclarations d'une mutation à titre onéreux ou gratui
ou en échange d'immeubles, de fonds de commerce, de navires ou de bateaux
et à toute énonciation de biens de même nature accompagnée d'une déclaration
estimative, *L. 13 juillet 1925, art.* 57. — Procédure et délai, *même loi, art.* 58 *et* 59.
— Pénalités et frais, *même loi, art.* 60.

F

FONDS DE COMMERCE
Cession : prix de l'achalandage, de la cession *simultanée* du droit au bail et des
objets mobiliers ou autres servant à l'exploitation, droit d'enregistrement en
principal de 5 fr. 50 $^0/_0$, *L. 13 juillet 1925, art.* 43 ; surtaxe de 1 $^0/_0$ en principal
sur la partie du prix qui excède 300 000 fr. et de 2 $^0/_0$ sur la partie du prix qui
excède 500 000 fr., sauf pour certaines cessions particulières, *même loi, art.* 42 ;
plus les deux décimes de la loi du 22 mars 1924 (art. 3).

Enregistrement ou déclaration obligatoire avant les publications consécutives
à la cession et mention de cette formalité dans les avis ou extraits, *L. 22 mars
1924, art.* 27.

Non-radiation de l'inscription de privilège avant justification du payement
de l'impôt de 10 $^0/_0$ sur les intérêts du prix, *L. 13 juillet 1925, art.* 81.

Taxe de la ville de Paris ; maintien des tarifs de 1 fr. 25 $^0/_0$ et de 0 fr. 32 $^0/_0$,
sans décimes, l'art. 3 de la loi du 22 mars 1924 ne s'appliquant qu'aux impôts
perçus au profit de l'Etat.

FONDS D'ÉTAT ÉTRANGERS
Impôt sur le revenu, tarif porté à 18 $^0/_0$ sans décimes, *L. 13 juillet 1925,
art.* 77 *et* 78. — Exemption : valeurs obligatoirement déposées à l'étranger par
les compagnies d'assurances, *même art.*

G

GROSSE AU PORTEUR. — V. Obligation.

H

HYPOTHÈQUE. — V. Dommages de guerre.

I

IMPOT SUR LE CHIFFRE D'AFFAIRES
Marchands de biens assujettis, *L. 13 juillet 1925, art.* 39.

Tarif de 1 fr. 10 $^0/_0$ porté à 1 fr. 30 $^0/_0$ seulement, les deux décimes de l'art. 3 de
la loi du 22 mars 1924 ne s'appliquant pas aux 0 fr. 10 perçus pour les départements et les communes. — Répartition de ces 0 fr. 10, *L. 28 décembre 1923, art.* 10.

Exemptions : affaires portant sur le blé et le seigle servant à la fabrication du
pain, *L. 24 décembre 1924, art.* 3 ; marchandises importées, conditions, *L. 13 juillet
1925, art.* 84 ; *Décr. 14 août 1925 ;* — exemption provisoire, coopératives de consommation, syndicats agricoles et groupements de consommateurs, *même loi, art.* 85.

Tenue d'un livre spécial : dispense pour les redevables admis au forfait annuel,
L. 16 avril 1924, art. 5.

Payement par traites, *Arr. 7 avril 1924.* — Forfait annuel, extension et modifications, *L. 16 avril 1924, art.* 5 *et* 6 ; *Décr. 9 novembre 1924.* — Communication :
dispense pour les redevables admis au forfait annuel, *L. 16 avril 1924, art.* 5
et 6.

Administrations compétentes ; contributions indirectes pour toutes personnes
autres que celles ci-après : douanes pour les transitaires et les commissionnaires
en douane ; enregistrement pour les banquiers, changeurs, escompteurs et toutes
autres professions se rapportant au commerce des valeurs et de l'argent, *Décr.
23 mai 1925.*

IMPOT SUR LE REVENU DES CRÉANCES

DÉPOTS ET CAUTIONNEMENTS. — Justification du payement sur les intérêts du prix d'un fonds de commerce avant radiation de l'inscription de privilège, *L. 13 juillet* 1925, *art.* 81.

Timbres mobiles du modèle unique, *Décr. 9 juillet* 1925.

IMPOT SUR LE REVENU DES VALEURS MOBILIÈRES

Parts d'intérêts et commandites : nouvelles bases d'imposition, *L. 22 mars* 1924, *art.* 32 ; — bénéfices distribués, même non statutairement, aux administrateurs de sociétés. *L. 13 juillet* 1925, *art.* 79 ; — remboursements et amortissements avant la dissolution ou la liquidation de la société, *même loi, art.* 80.

Valeurs mobilières étrangères non abonnées et fonds d'Etat étrangers, tarif porté à 18 %, sans décimes, *L. 13 juillet* 1925, *art.* 77 *et* 78. — Timbres mobiles du modèle unique, *Décr. 9 juillet* 1925.

Titres des sociétés étrangères abonnées : payement des produits en francs ou en monnaies étrangères ; impôt calculé sur le bénéfice résultant de la monnaie faisant prime, *L. 22 mars* 1924, *art.* 31.

Exemption : banques coopératives des sociétés ouvrières de production, *L. 3 janvier* 1924 ; — chèques-contributions, bonification, *L. 28 février* 1925, *art.* 6 ; *Décr.* 11 *mars* 1925, *art.* 6 ; — parts des gérants dans les sociétés à responsabilité limitée, *L. 7 mars* 1925, *art.* 42 ; — emprunt français 7 %, aux Etats-Unis, *L.* 21 *novembre* 1924, *art.* 2 ; — emprunt 4 % or, *L. 27 juin* 1925 ; — valeurs étrangères obligatoirement déposées à l'étranger par les compagnies d'assurances, *L. 13 juillet* 1925, *art.* 77.

INTERMÉDIAIRES POUR L'ACHAT OU LA VENTE D'IMMEUBLES OU DE FONDS DE COMMERCE. — V. Marchands de biens.

INVENTAIRE

Inventaire après décès, mentions obligatoires. *L. 13 juillet* 1925, *art.* 48 *et* 55.

J

JUGEMENT. — V. Maroc, Tunisie.

L

LETTRE DE VOITURE

TIMBRE : tarif augmenté de deux décimes et porté à 0 fr. 30, *L. 22 mars* 1924, *art.* 3. — Timbres mobiles et timbrage à l'extraordinaire, *Décr. 20 décembre* 1923 ; *Décr. 15 avril* 1924, *art.* 18 ; du modèle unique, *Décr. 9 juillet* 1925.

LICITATION

TIMBRE : exemption pour les licitations immobilières d'un prix n'excédant pas 5 000 fr. et qui ne contiennent pas de dispositions indépendantes ; timbre de dimension pour celles dont le prix excède 5 000 fr., et pour celles qui, bien que le prix n'excède pas 5 000 fr., contiennent des dispositions indépendantes, *L. 22 avril* 1905, *art.* 6 *et* 7 ; *L. 13 juillet* 1925, *art.* 67.

ENREGISTREMENT. — Tarifs :

Meubles : 5 fr. 50 %, *L. 13 juillet* 1925, *art.* 43, plus les deux décimes de la loi du 22 mars 1924 (art. 3).

Immeubles : 10 %, *L. 13 juillet* 1925, *art.* 41, plus les deux décimes de la loi du 22 mars 1924 (art. 3) ; surtaxe de 1 % en principal sur la partie du prix qui excède 300 000 fr. et de 2 % en principal sur la partie du prix qui excède 500 000 fr., sauf pour certaines licitations particulières, *même loi, art.* 42.

LIVRET AGRICOLE DE PRÉVOYANCE

Versements, exemption du timbre de quittance, *L. 18 décembre* 1923, *art.* 2.

LOI

Date d'application, *L. 22 mars* 1924, *art.* 17 *et* 18.

M

MARCHANDS DE BIENS ET DE FONDS DE COMMERCE
Déclaration préalable ; tenue de répertoires ; droit de communication ; impôt sur le chiffre d'affaires ; *L.* 13 *juillet* 1925, *art.* 39 ; *Décr.* 11 *août* 1925.

MARCHÉ
— entre particuliers emportant vente de meubles, tarif porté de 5 % à 5 fr. 50 %, *L.* 13 *juillet* 1924, *art.* 43, plus le double décime.
V. Mines domaniales de potasse d'Alsace, Office national de l'azote.
Marchés passés par les syndicats des communes pour les services publics de transports automobiles subventionnés par l'Etat ou les départements : enregistrement provisoire au droit fixe de 6 fr. en principal, *L.* 1ᵉʳ *août* 1924, *art.* 24.

MAROC
Actes et jugements, assimilation aux colonies où le timbre et l'enregistrement sont établis, *L.* 30 *juin* 1924, *art.* 12.

MARQUES DE FABRIQUE
Taxes spéciales, majoration, *L.* 13 *juillet* 1925, *art.* 118.

MINES DOMANIALES DE POTASSE D'ALSACE (ADMINISTRATION DES)
Marchés passés avec ses entrepreneurs et fournisseurs, enregistrement provisoire au droit fixe de 6 fr. en principal, *L.* 13 *juillet* 1925, *art.* 139 *et* 141.
Mémoires et factures produits par ses entrepreneurs et fournisseurs, exemption de timbre, *même loi, art.* 140 *et* 141.

MINIMUM DE PERCEPTION
Droit proportionnel : 0 fr. 50 augmenté de deux décimes et porté à 0 fr. 60, *L.* 22 *mars* 1924, *art.* 3.

MUTATION SECRÈTE
Navires, *L.* 22 *mars* 1924, *art.* 28.

N

NAVIRE
Ventes de navires supérieurs à 100 tonnes, tarif porté de 5 % à 5 fr. 50 %, *L.* 13 *juillet* 1925, *art.* 43, plus le double décime ; déclaration obligatoire dans les trois mois ; pénalités ; dissimulation et insuffisance ; expertise, *L.* 22 *mars* 1924, *art.* 28 ; *L.* 13 *juillet* 1925, *art.* 57 *à* 60.

NOTORIÉTÉ
Notoriété après décès, mention obligatoire, *L.* 13 *juillet* 1925, *art.* 55.

O

OBLIGATIONS
Obligation hypothécaire au porteur de la grosse : tarif porté à 5 % en principal, *L.* 13 *juillet* 1925, *art.* 47. Maintien du tarif de 3 % en principal pour les autres actes énumérés dans l'art. 24 de la loi du 31 décembre 1921.

OFFICE
Cessions : tarifs progressifs augmentés sans addition de décimes, *L.* 13 *juillet* 1925, *art.* 38.
Taxe de la ville de Paris : maintien du tarif de 1 fr. 25 % sans décimes, l'art. 3 de la loi du 22 mars 1924 ne s'appliquant qu'aux impôts perçus au profit de l'État.

OFFICE NATIONAL DE L'AZOTE
Marchés passés avec ses entrepreneurs et fournisseurs, enregistrement provisoire au droit fixe de 6 fr. en principal, *L. 13 juillet 1925, art.* 139 *et* 141.
Mémoires et factures produits par ses entrepreneurs et fournisseurs, exemption de timbre, *même loi, art.* 140 *et* 141.

OPÉRATIONS DE BOURSE
Taxe spéciale de timbre : tarif général porté à 0 fr. 60 °/oo pour les opérations fermes et à 0 fr. 25 °/oo pour les opérations de report, sans décimes ; maintien des tarifs antérieurs pour les opérations relatives aux rentes sur l'Etat français, *L. 22 mars 1924, art.* 15 ; *L. 13 juillet 1925, art.* 73.
Bourses de commerce, marchés à terme ou à livrer tarifs doublés, *L. 22 mars 1924, art.* 16.

OPÉRATIONS DE CHANGE
Droit de timbre de 0 fr. 10 °/oo, *L. 13 juillet 1925, art.* 74 *et* 75.
Répertoire, autorisation ministérielle, *L. 22 mars 1924, art.* 69 *à* 71.

ORDRES DE VIREMENT EN BANQUE
Timbre : tarif uniforme de 0 fr. 20 sans décimes, même pour les ordres sur place, *L. 22 mars 1924, art.* 8 ; *Décr.* 15 *avril* 1924, *art.* 5 *et* 6. — Timbres mobiles et timbre à l'extraordinaire du modèle unique, *Décr.* 9 *juillet* 1925.

P

PARTAGE
Soulte ou retour : immeubles, 10 °/o, *L. 13 juillet 1925, art.* 41, plus les deux décimes de la loi du 22 mars 1924 (art. 3) ; surtaxe de 1 °/o en principal, sur la partie de la soulte qui excède 300 000 fr. et de 2 °/o sur la partie qui excède 500 000 fr., sauf pour certains partages particuliers, *même loi, art.* 42.

PASSEPORTS
Tarif augmenté de deux décimes et porté à 6 fr., *L. 27 décembre 1923, art.* 33 ; *L. 22 mars 1924, art.* 3. — Visas des passeports de Français ou de protégés français, tarif porté à 3 fr. sans addition de décimes, *L. 22 mars 1924, art.* 10 ; *Décr.* 15 *avril* 1924, *art.* 11.

PERMIS DE CHASSE
Majoration de deux décimes de la part de l'Etat, *L. 22 mars 1924, art.* 3 ; prix total porté à 116 fr. pour le permis général et à 44 fr. pour le permis départemental, *Décr.* 15 *avril* 1924, *art.* 4. — Modèle : faculté de prorogation pendant quatre ans par l'emploi de timbres mobiles spéciaux, *Décr.* 3 *juin* 1924.

PRUD'HOMMES. — *L.* 21 *juin* 1924 (Code du travail, Liv. IV, art. 75, 77 et 78).

Q

QUITTANCE
Timbre : tarifs fixés à 0 fr. 25 quand les sommes dépassent 10 fr. sans excéder 100 fr., 0 fr. 50 quand elles excèdent 100 fr. sans dépasser 1 000 fr., 1 fr. quand elles dépassent 1 000 fr. sans excéder 10 000 fr., 3 fr. quand elles dépassent 10 000 fr. sans excéder 50 000 fr., et, au delà, 1 fr. en sus par nouvelle fraction de 50 000 fr. sans addition de décimes, *L. 22 mars 1924, art.* 6 ; *L. 13 juillet 1925, art.* 71. — Tarif uniforme de 0 fr. 25 pour les reçus constatant un dépôt d'espèces chez un banquier, un agent de change ou un comptable public, *même art.* — Exemptions : quittances des comptables du Trésor pour les taxes municipales établies au moyen de rôles, *L.* 1er *août* 1924, *art.* 20 ; — quittances de sommes réglées par chèques sur un banquier, un agent de change, etc., conditions, *L.* 31 *décembre* 1924, *art.* 8 ; — quittances relatives à l'emprunt or 4 °/o, *L.* 27 *juin* 1925. *art.* 5. — V. Livret agricole de prévoyance. — Timbres mobiles et timbres à l'extraordinaire du modèle unique, *Décr.* 9 *juillet* 1925.

R

RÉCÉPISSÉ
— de chemins de fer d'intérêt général ou local : timbre augmenté de deux décimes et porté à 0 fr. 30, *L.* 22 *mars* 1924, *art.* 3 ; — timbres mobiles, *Décr.* 15 *avril* 1924, *art.* 18 ; — du modèle unique pour les récépissés venant de l'étranger, *Décr.* 9 *juillet* 1925 ; — timbrage à l'extraordinaire, *Décr.* 15 *avril* 1924, *art.* 19.
— de tramways : timbre uniforme de 0 fr. 30, décimes compris, quelle que soit la date de la concession, *L.* 22 *mars* 1924, *art.* 13.
— de recouvrements à titre de remboursement d'objets transportés, timbre de 0 fr. 35, plus le double décime, *Décr.* 15 *avril* 1924, *art.* 20 *et* 21 ; du modèle unique, *Décr.* 9 *juillet* 1925.

RÉPERTOIRE
Marchands de biens et de fonds de commerce, *L.* 13 *juillet* 1925, *art.* 39 ; *Décr.* 11 *août* 1925.

RÉTROCESSION
Meubles, tarif porté de 5 % à 5 fr. 50 %, *L.* 13 *juillet* 1925, *art.* 43, *plus le double décime.*

S

SIMULATION DE CONTRAT. — V. Dissimulation.

SOCIÉTÉ
Formation et prorogation, tarif de 1 % porté à 2 fr. 50 %, *L.* 13 *juillet* 1925, *art.* 40, plus les deux décimes de la loi du 22 mars 1924 (art. 3).
Fusion de sociétés existantes, dont la durée ne dépasse pas celle de la société la plus longue, maintien du tarif de 1 % en principal, *L.* 13 *juillet* 1925, *art.* 40.
Société constituée à l'étranger par des Français avec apport de biens français ; droit de préemption de l'Etat au décès de l'apporteur, *L.* 22 *mars* 1924, *art.* 30.

SOCIÉTÉS CIVILES
Déclaration d'existence ; droit de communication, *L.* 13 *juillet* 1925, *art.* 62 à 65.

SOCIÉTÉ DE COOPÉRATION. — V. Banques coopératives de sociétés ouvrières de production.

SOCIÉTÉ A RESPONSABILITÉ LIMITÉE
Exemption de l'impôt sur le revenu pour les parts des gérants ; droit de communication, *L.* 7 *mars* 1925, *art.* 42.

SOULTE DE PARTAGE
— lorsqu'elle porte sur des meubles meublants, 5 fr. 50 %, *L.* 13 *juillet* 1925, *art.* 43, plus le double décime ;
— lorsqu'elle porte sur des immeubles, 10 %, *L.* 13 *juillet* 1925, *art.* 41 ; surtaxe de 1 % sur la partie qui excède 300 000 fr. et de 2 % sur la partie qui excède 500 000 fr., *même loi, art.* 42, le tout augmenté du double décime.

SUCCESSION
Droits de mutation par décès et taxe successorale. — Tarifs augmentés du double décime, *L.* 22 *mars* 1924, *art.* 3.
Droits de mutation par décès. — Tarifs applicables en cas de renonciation à succession, legs ou donation, *L.* 13 *juillet* 1925, *art.* 51.
Assiette de l'impôt. — Valeurs appartenant pour l'usufruit au défunt et pour la nue propriété à ses héritiers présomptifs, présomption légale de mutation par décès, *L.* 13 *juillet* 1925, *art.* 45. — Immeubles : insuffisance d'évaluation, procédure, expertise, pénalités et frais, *L.* 22 *mars* 1924, *art.* 29 ; *L.* 13 *juillet* 1925, *art.* 57 à 61. — Sociétés constituées à l'étranger par des Français avec apport de biens français, droit de préemption de l'Etat au décès de l'apporteur, *L.* 22 *mars* 1924, *art.* 30.
Payement des droits. — Créances notariées à terme nominatives à échéance de plus de cinq ans, payement différé, *L.* 13 *juillet* 1925, *art.* 50.
Mesures de contrôle. — Titres et valeurs dont le défunt a perçu les revenus moins d'un an avant son décès, présomption de propriété, *L.* 13 *juillet* 1925, *art.* 46. — Valeurs mobilières déposées et immeubles existant à l'étranger, nécessité d'un envoi en possession spécial, *même loi, art.* 52 à 56.

T

TAXE DE LUXE
Exonération pour vente d'objets de luxe par des commerçants français à des commerçants monégasques, conditions, *Arr. 9 mai 1924.*
Timbrés mobiles du modèle unique pour les ventes entre non-commerçants, *Décr. 9 juillet 1925.*

TAXE SUR LE CHIFFRE D'AFFAIRES. — V. Impôt sur le chiffre d'affaires.

TIMBRE
Timbres mobiles et à l'extraordinaire d'un modèle unique pour certains droits, *Décr. 9 juillet 1925.*

TIMBRE DE DIMENSION. — Tarifs augmentés de deux décimes et portés à 14 fr. 40, 9 fr. 60, 7 fr. 20, 4 fr. 80 et 2 fr. 40 suivant la dimension du papier, et à 3 fr. 60 pour les expéditions, *L. 22 mars 1924, art. 3;* — pour les actes de l'état civil, V. ce mot. — Papiers timbrés et timbres mobiles, *Décr. 15 avril 1924, art. 2, 24 et 25.* — Timbrage à l'extraordinaire, *même décr., art. 3 et 26.* — Visa pour timbre, *même décr., art. 27.*

TRAMWAYS
Récépissés : timbre uniforme de 0 fr. 30, décimes compris, quelle que soit la date de la concession, *L. 22 mars 1924, art. 13.*

TUNISIE
Actes et jugements, assimilation aux colonies où le timbre et l'enregistrement sont établis, *L. 30 juin 1924, art. 12.*

V

VENTES D'IMMEUBLES
Timbre : exemption pour les ventes dont le prix n'excède pas 5 000 fr. ; timbre de dimension pour celles d'un prix supérieur, *L. 13 juillet 1925, art. 67,* et pour celles d'un prix n'excédant pas 5 000 fr. qui contiennent des dispositions indépendantes autres que celles prévues dans l'art. 7 de la loi du 22 avril 1905.
Enregistrement : pour toute vente d'immeubles dont le prix excède 300 000 fr., surtaxe de 1 % en principal sur la partie du prix qui excède cette somme et de 2 % en principal sur la partie du prix qui excède 500 000 fr., sauf pour certaines ventes particulières, *L. 13 juillet 1925, art. 42.*
Achat pour revendre : maintien du tarif de 12 %, plus le double décime ; en cas de revente dans l'année, droit de 5 % plus le double décime, *même loi, art. 39.*

VENTE DE MEUBLES
Tarifs : meubles et autres objets mobiliers généralement quelconques, porté de 5 % à 5 fr. 50 %. *L. 13 juillet 1925, art. 43,* plus le double décime.
— Animaux, récoltes, engrais, instruments et autres objets mobiliers dépendant d'une exploitation agricole, tarif porté à 2 fr. 75 %, *L. 25 juin 1920, art. 24; L. 13 juillet 1925, art. 43,* plus le double décime.
— Navires jaugeant plus de 100 tonnes, tarif porté de 5 % à 5 fr. 50 %, *L. 13 juillet 1925, art. 43,* plus le double décime.
Objets d'art et d'antiquité. V. Caisse des monuments historiques.
Taxe de la ville de Paris : maintien du tarif de 1 fr. 25 % sans décimes, l'art. 3 de la loi du 22 mars 1924 ne s'appliquant qu'aux impôts perçus au profit de l'Etat.

FIN DE LA TABLE ALPHABÉTIQUE.

IMPRIMERIE DE LA JURISPRUDENCE GÉNÉRALE DALLOZ.

9 782329 086019